CHRONIQUES BERRICHONNES

DU XVIIe SIÈCLE

JOURNAL DES LE LARGE

1688 - 1694

BOURGES

PIGELET & FILS & TARDY, IMPRIMEURS

VVe BERNARD, LIBRAIRE-ÉDITEUR

26, RUE COURSARLON, 26

—

1881

CHRONIQUES
BERRICHONNES

DU XVII⁰ SIÈCLE

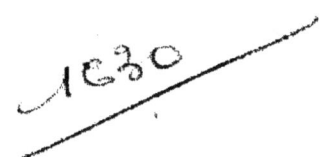

NOTA. — L'ouvrage a été tiré à un très-petit nombre d'exemplaires.

Sur papier chiné, 400 exempl. à 10 fr. l'un. — Un tirage d'amateur, de 30 exempl. numérotés et paraphés, a été fait et comprend :
16 exempl. sur papier de Hollande numérotés de 1 à 16, à 15 fr.
10 exempl. sur Wathmann turkey-mill numérotés de 17 à 26, à 30 fr.
4 exempl. sur Chine numérotés de 27 à 30, à 40 fr.

CHRONIQUES
BERRICHONNES

DU XVIIᵉ SIÈCLE

JOURNAL DES CHOSES MÉMORABLES

ARRIVÉES EN LA VILLE DE BOURGES ET AUTRES LIEUX DE LA PROVINCE

1621-1694

mises en ordre et publiées par

HENRY JONGLEUX

SECRÉTAIRE EN CHEF DE LA MAIRIE DE BOURGES, MEMBRE DE LA SOCIÉTÉ
DES ANTIQUAIRES DU CENTRE ET DE LA SOCIÉTÉ HISTORIQUE DU CHER

ornées des

Armoiries des LE LARGE, en chromolithographie.

BOURGES

PIGELET & FILS & TARDY, IMPRIMEURS

Just BERNARD, LIBRAIRE-ÉDITEUR

22, RUE COUR-SARLON, 22

1881

Tous droits réservés.

JE DÉDIE CE VOLUME

AUX

MEMBRES DE L'ASSOCIATION

DES

ANCIENS ÉLÈVES DU LYCÉE DE BOURGES

COMME SOUVENIR

ET COMME TÉMOIGNAGE DE SYMPATHIE

HENRY JONGLEUX,
Membre de l'Association.

Bourges, le 1er juin 1880.

ARMOIRIES DES LE LARGE

CLAUDE LE LARGE, ADVOCAT DE LA VILLE,
SIEUR DE GUILLY, ESCHEVIN 1642-1648

Porte de gueules à la colombe d'argent membrée et becquée du premier, perchée sur un estoc d'arbre pery en bande d'or; au chef d'azur soustenu d'or, chargé de 3 estoilles du 3e.

PRÉFACE

CE volume est la reproduction d'une œuvre essentiellement berrichonne; elle est en effet le fruit des observations de deux générations d'une famille de Bourges, les Le Large, qui ont pendant près d'un siècle rempli en cette ville des fonctions municipales ou occupé un rang dans le clergé.

Le premier de cette famille auquel revient l'idée de rassembler les notes qui vont être publiées dans ce volume est Paul Le Large. Né en 1582 il meurt le 17 août 1642. Il avait été avocat de la ville pendant vingt-trois ans.

L'aîné de ses fils, Claude, sieur de Guilly, continue son œuvre. D'abord bailly de Chasteauneuf, Beauvoir et Rousson, il remplace son père dans ses fonctions d'avocat de la ville le 18 juin 1642, fonctions qu'il abandonne de 1643 à 1648 pour celles d'eschevin à Bourges, et qu'il reprend à l'expiration de son mandat. La mort le surprend le 5 juillet 1674. Son frère cadet, Jehan, bachelier de Sorbonne et chanoine du Chasteau poursuit ce recueil. Il meurt en 1694.

Hommes d'un esprit éminemment judicieux, les Le Large ont su discerner dans les faits qui ont caractérisé cette laborieuse époque ceux qui étaient de nature à appeler l'attention des historiens de l'avenir, soit qu'ils aient eu pour théâtre la ville de Bourges seulement, soit qu'ils aient intéressé le pays tout entier.

Ce recueil de nouvelles, d'anecdotes quelquefois piquantes, de faits politiques ou militaires surtout, se rattachant à la période la plus active du grand règne, est catalogué à la bibliothèque de Bourges sous le titre de *Journal des Le Large* (manuscrit n° 1320, série E). Il intéresse tous ceux qui s'occupent d'histoire, quelle que soit la région de la France à laquelle ils appartiennent. Il contient en outre une très-curieuse collection d'épitaphes mordantes ou louangeuses pour le Cardinal de Richelieu. Le sans-gêne avec lequel ce dignitaire de l'Église y est traité, témoigne du degré de puissance qu'avait acquis ce rude champion de la Royauté et des haines qu'il s'était attirées.

Ce mémorial, écrit dans le style charmant qui caractérise les chroniqueurs du temps, est reproduit dans sa forme littérale. On y remarque les transformations successives de la langue et de son orthographe.

L'œuvre des Le Large initie au mouvement, à la vie intime d'une cité importante, dans un temps non-seulement d'effervescence dans les esprits, mais encore de troubles religieux et politiques qui se traduisaient parfois en séditions et en guerres civiles. Elle est empreinte de couleur locale, et reflète cette époque, sans prétention ni parti pris.

On sent que, tout en écrivant sous l'impression du moment, les auteurs ont tenu avant tout à rester fidèles; ils savent ainsi attacher le lecteur; car le cachet de vérité dont chaque page est frappée est une garantie et un attrait qui donnent à cet ouvrage une incontestable valeur.

En livrant à la publicité le *Journal des Le Large*, je n'ai fait du reste que suivre l'exemple du savant président Hiver qui, en 1868, publia le manuscrit du moine Jehan Glaumeau [1], reporter fidèle des événements qui se sont passés à Bourges de 1541 à 1562, et dont le succès a été véritablement marqué. L'ardeur avec laquelle on se porte aujourd'hui vers les études historiques fait espérer qu'il est réservé à ce nouveau document un aussi favorable accueil.

Bourges le 1er juin 1880.

HENRY *JONGLEUX*

---

[1] Just Bernard, libraire-éditeur, rue Coursarlon, 22, Bourges.

ANNÉE 1621

Eslection des Maire et Eschevins de la ville de Bourges, le jour de la Sainct-Pierre.— Discours prononcé par l'advocat de la Ville à Monseigneur Henri de Bourbon, prince de Condé, goubverneur de la province de Berry.

« Monseigneur,

Nous sommes obligez par usage et par debvoir à deux choses en ce lieu, l'une de remercier Messieurs les Magistrats qui sortent de charge et l'autre d'eslire en leur lieu des personnes que nous croyons les plus propres, plus capables et plus zélées au bien publicq.

« Pour le premier point, je ne m'en puis

acquitter que par une protestation que je fais aux yeux de votre Excellence, contre toute cette assemblée, que l'honneur de ma charge m'ayant donné la cognoissance de toutes les affaires publicques, j'ay veu et recogneu en Monsieur le Maire et Messieurs les Eschevins soubs un grand désir de servir au Roy, obéir à votre commandement et profiter au publicq, que tous en un concours d'amour et d'affection ont contribué toutes leurs forces et leur industrie à l'effect de ceste bonne intention aussi ont-ils prins pour devise ce beau vers digne d'estre cité :

Regis et urbis amor nostrum firmavit amorem.

« Mais comme les actions extérieures n'ont pour plus grande récompense que l'honneur de les avoir faictes, aussy nos magistrats n'ont-ils et n'espèrent-ils autre récompense que l'honneur d'avoir bien goubverné et administré la chose publicque et augmenté l'aucthorité de la magistrature, et en effet l'on peult dire de Messieurs les Magistrats, spécialement de Monsieur le Maire, qu'ayant resceu l'honneur de la magistrature, il s'est aussy donné à l'honneur du magistrat, car renonçant à son contentement et à ses affaires domestiques et se dépouillant de ses propres intérêts, il est sorty hors de soy-mesme pour se donner tout au publicq et à la dignité de magistrat.

« C'est à vous, Monseigneur, à qui nous debvons réferer toutes nos actions de grâces, la gloire et la louange du sieur Hémeret, goubverneur, car c'est soubs l'influence de vos commandements, soubs la sagesse de vos jugements et soubs l'amour et la bienveillance de votre Grandeur que nous avons resenty et resentons une si grande douceur dans l'amertume de ce siècle et que nous jouissons d'une si parfaite paix dans le milieu de la guerre. Nous lisons dans la Saincte Escripture que l'entrée de l'Arche en la maison de David la combla de bénédictions, et nous, quelles bénédictions plus grandes eussions-nous jamais osé espérer en nostre province, que de vous y veoir entré nostre goubverneur, nostre juge, comme nostre père; vous estes à nous pour nous commander comme nostre goubverneur, nous juger comme nostre juge et aymer comme nostre père. Nous sommes à vous pour vous obéïr, servir et honorer, et vivant dans les termes de cette relation, nous sommes assurez de nostre repos et de nostre liberté, portant l'inscription des armes d'Alexandre et de Cœsar :

> Ne me tangas, Alexandri sum ;
> Ne me tangas, Cæsaris sum.

« Nous pourrons mettre hardiment aux limites de nostre province, aux portaux de nos villes, à l'entrée de nos maisons :

> Ne me tangas, Henrici sum.

Ce sera notre bouclier contre les incursions de toutes sortes d'ennemis.

« Fasse le Ciel que comme le javelot d'Amphiaraüs, emporté par un aigle, tombant à terre, jeta des racines, poussa des rameaux et se convertit en laurier, ainsy l'éclat et l'éclair de vos armes emportez par toute la chrétienté et l'aigle de la renommée vous garnisse de lauriers et vous rende vaincœur et triomphant des ennemis de Dieu, du Roy, de la Foy, comme de la France. Quant à l'aultre point qui est d'eslire des magistrats, comme vous, Monseigneur, estes le maistre et le goubverneur de ceste nacelle, aussy avez-vous plus d'interest à faire eslection de bons pilotes pour la régir et goubverner en vostre absence soubs l'aucthorité de vostre commandement, mais puisqu'il vous plaist recevoir nos suffrages, je joins le mien à ceux de Messieurs les Maire et Eschevins, et nomme Monsieur Bengy, lieutenant communal, pour Maire, et Messieurs Esleus, Mercier et Tandiguay. »

ANNÉE 1626

Baptême de Monseigneur le duc d'Enguien.

E 6ᵉ mars 1626, Monseigneur le duc d'Enguien Luys de Bourbon a été baptisé en l'église de Sainct-Estienne par Monseigneur l'Archevesque de Bourges.

La pompe estoyt belle et grande.

ANNÉE 1628

Peste.

EN l'année 1628, au moys d'aoust, la ville a esté grandement affligée de la peste qui auroyt causé la fuite et la retraicte de la plus grande quantité des habitants dont sont demeurez fort peu de notables ; Messieurs Delagarde et Girard, eschevins, sont décédez. L'on faict nombre de 4,000 personnes mortes et plus, pour lequel mal apaisé, Messieurs de la Ville ont faict vœu à Notre-Dame de Liesse, lequel ils ont exécuté, et faict faire le pourtraict de notre ville, en argent avec deux images d'argent massif, l'une de Nostre-Dame, et l'autre de Sainct-Estienne, et le tout de valeur de 1,500 livres tournoys. Monsieur le Maire a faict le voyage et faict le présent qui a esté très-bien resceu.

ANNÉE 1629

Te Deum pour la reduction de la Rochelle.

La Rochelle rendue soubs l'obéissance du Roy, un *Te Deum* a esté chanté en ceste ville le 1er décembre de l'an 1629. Quoique la reduction de la ville eust esté dès la Toussaint 1628, la cérémonie avoyt esté remise à cause de la maladye qui sévissait en 1628.

Eslection du Maire, jour de la Sainct-Pierre. — Discours à Monseigneur le Goubverneur de la Province

« MESSIEURS,

Nous voicy par la grâce de Dieu retournez et assemblez, après avoir évité la furie et la rage de ce feu dévorant, de ce monstre cruel de la peste qui nous a bannys de nos maisons et de nostre ville, faict fuir à la campagne, quitter, changer et rechanger de demeure. sy mal et inhumain qu'il a divisé ce que la nature mesme avoyt rendu inséparable ; les parents ont abandonné leurs propres enfans; les marys et les femmes ont renoncé au secours mutuel qu'ils se doibvent les uns aux aultres; les enfans ont mesprisé tout respect et debvoir; chacun a quitté sa charge, sa maison et son bien pour se sauver du péril sy dangereux. Les esglises ont esté fermées, la ville déserte et les maisons abandonnées.

« Et néantmoins nous voyons cette compagnie assemblée de la mesme façon, et quasi des mesmes personnes qu'elle estoyt il y a un an, tous les ordres restablys, la ville en son précédent estat et la santé sy parfaite qu'il n'y a plus ny vestige ny apparence de la désolation passée.

« Nous debvons, Messieurs, nous debvons bien rendre grâces particulières à Dieu de ce qu'il lui a pleu nous chastier en sy peu de temps, mais nous debvons cette faveur miraculeuse du Ciel à l'intercession de la très-glorieuse et très-saincte Vierge, laquelle, dès l'instant que Messieurs les Magistrats ont eu recours à elle, a faict paroistre des effets de sa protection singulière envers nous, et partant joignant nos vœux et nos désirs aux vœux et aux effects de Monsieur le Maire, nous luy debvons pour acte de recognoissance :

> Virgo, tibi, Biturix reddit sua munera voto,
> Quam tua protexit pestis ab arce manus.

« Nous debvons encore le restablissement de nostre ville, l'estat de nostre santé et la conservation de nos maisons et de nos biens à la générosité, au courage et la piété de Monsieur le Maire et de Messieurs les Eschevins, qui estoyent alors et qui sont encore à présent, lesquels préférant le salut publicq à leur propre et particulier interest ont exposé leur vie au danger, et redoublant leur courage à mesure qu'il nous foisoit fuir, ont enfin par leurs œuvres et actions de piété, par un soing et diligence extraordinaires apaisé l'ire de Dieu, emporté la victoire et acquis une couronne de gloire la plus honorable qui se donnast entre les Romains, qui estoyt *ob cives servatos ;* car il est vray que leur prévoyance, leur peyne et leur présence nous ont plus conservez que nos fuites.

« Nous n'en debvons pas moins à la mémoire de deffuncts Messieurs Girard et Delagarde qui sont morts au combat pour vivre à jamais dans le ciel et dans le ressouvenir de leurs priviléges.

« Et combien que cette obligation soit incomparablement plus grande que nulle autre, je ne veux pourtant pas obmettre de représenter en ceste compagnie trois choses qui rendront à jamais Messieurs les Maire et Eschevins recommandables à la postérité. La première est l'establissement de la manufacture de draps, la deuxième est la recepte des deniers commungs, et la troisième l'establissement des religieuses en l'Hostel-Dieu. Ces trois choses ont esté faictes et exécutées de leur temps sy advantageuses au publicq que la mémoire de leur nom en doibt estre grande non-seulement dans un marbre mais encore dans les cœurs de leurs concitoyens; de quoy ne pouvant leur rendre assez dignes actions de grâces, nous leur dirons ce qui fust dict autrefoys à ces braves et généreux sénateurs qui avoyent garanty la ville de Rome d'une invasion *éminente* :

> Quæ vobis ? Quæ digna, viri, pro talibus ausis
> Præmia posse ferri ? pulcherrima primum
> Dii moresque vestri dabunt; tum cætera reddet
> Ac tutum patria.....

« Que sy nous avons esté conservez, que sy nous nous voyons restablys, nous en debvons la première et principale obligation au grand Prince, dieu tutélaire de nostre province et de nostre ville, Monseigneur le Prince, nostre goubverneur, lequel par une affection plus que paternelle nous choisit et nous laisse des hommes et des magistrats qui veillent en son absence et qui pourvoyent dedans et dehors à nostre repos auquel nous jouissons pleinement par les effects de l'amour d'un si grand Prince qui possède nos cœurs et qui nous oblige de prier Dieu à jamais pour sa prospérité.

« Or, puisque la loy de nos priviléges requiert un changement, je donne mon suffrage à Monsieur Labbe, conseiller au siége présidial, sieur de Champgrand pour maire, Monsieur Barbier pour eschevin de Saint-Sulpice, Monsieur Guérin est prié de continuer et Messieurs Mercier et Renon remerciez de l'assistance qu'ils avoyent volontairement rendue à la ville au besoing et au danger, et priez de continuer la charge le dict sieur Mercier comme nouveau eschevin et le dict sieur Renon comme ancien. » Et sur la difficulté de la préséance d'entre eux fut advisé par la compagnie que le dict sieur Renon precederoyt le dict sieur Mercie, encores que le dict sieur Mercier eust precedé pendant leur assistance, parce que c'estoyt au rang de Sainct-Privé de marcher le second.

ANNÉE 1630

Procession instituée à l'occasion de la peste en 1629.

Au moys de juing 1630 a esté instituée une procession generale à perpétuité qui se faict chascun an le premier dimanche dudict moys, va aux RR. PP. Jésuittes; Messieurs de la Ville portent les robbes consulaires et recognoissent leur Dieu et la Vierge de ce qu'ils ont appaisé la maladye contagieuse arrivée en ville en l'an 1629 et en tesmoignage de quoy l'on fist faire la représentation de la ville en argent que l'on alla poser de la part de la ville en Nostre-Dame de Liesse.

Eslection des Maire et Eschevins. — Discours au Goubverneur de la Province.

« MONSEIGNEUR,

Nous debvons aujourd'huy quelques sortes de remercîments à Messieurs les Maire et Eschevins et à ceulx qui portent des charges, du soing qu'ils ont eu pendant leur goubvernement des affaires publicques; mais de rendre des louanges et des actions de graces en la présence d'un si grand Prince ce seroyt donner aux atosmes l'honneur et la splendeur qui est deüe au soleil, d'entreprendre aussy de parler de vostre tallant, les parolles ne seroyent pas dignes d'un sy hault subiect. L'éclat d'une grandeur sy éminente éblouit mes sens, palpite mon cœur et ma voix, en sorte que j'ayme mieux condamner mon infirmité et produire mon silence que de ternir par des parolles et des discours vides et mal polis la gloire et l'immortalité de vos actions; seulement pour ne nous point rendre insensibles et ingrats je diray que nous possédons une souveraine félicité et deux effects dans vostre bonté et paternelle affection : l'un est l'exemption du mal du passage des gens de guerre, des subsides, troubles, tributs et impositions dont les provinces voisines sont désolées et totalement ruinées et l'autre la libéralité et la munificence que vous avez exercées envers la ville, l'argentant tout d'un coup de 1,300 livres tournoys sans laquelle elle ne pouvoyt pas subsister et s'en alloyt abismer dans la confusion des debtes et des affaires que la maladie contagieuse avoyt produictes ; un aultre effect de vostre Grandeur est le choix que vous faites des personnes qui figurent et qui travaillent en vostre absence à nostre repos. Nous avons grand subiect de nous louer de ceulx qui sont à présent aux charges ; leurs actions rendent témoignage de leur probité, Monsieur Guenoys et Monsieur Renon se sont très-dignement acquittez avec passion et affection au bien publicq; la gloire et l'honneur d'avoir bien faict sera leur récompense. »

ANNÉE 1631

Solemnité des actes de l'Université. — Préséance.

Dans les actes des solemnitez qu'ils font dans l'Université, Messieurs de la Justice n'ont point de rang ni de préséance par dessus Messieurs les Maire et Eschevins et n'y a que le Corps de l'Université et le Corps de Ville qui tiennent chascun un costé. Aux réceptions et immatriculation des docteurs, Messieurs les Gens du Roy y sont comme assistants, mais comme ils ne sont point corps aussy ne possèdent-ils pas rang; sy non que l'on leur donne une place honorable et Messieurs les Maire et Eschevins ont distribution manuelle de chacun cinq sols.

ANNÉE 1636

Desputation au Roy pour réclamation contre la perception du sol pour livre sur le drap, etc.

LE 8ᵉ du moys d'april 1636, Nous, Jaupistre, conservateur et maire de la ville et Nous Paul Le Large, advocat de la ville avons esté desputez de la ville vers le Roy et Nosseigneurs de son Conseil, pour nous exempter du sol pour livre sur les draps et thoiles et aultres marchandises que l'on vouloit establir en ceste ville au préiudice de nos priviléges et faire les très humbles remonstrances. Nous sommes arrivez à Paris le 11 du moys d'april et y avons séjourné jusqu'au 5 juing et arrivez en ceste ville le 8 juing. A nostre arrivée ayant employé la premiere sepmaine à veoir Monsieur le Chancelier, Messieurs de Bullien, Boutillier, Cornuet et aultres Messieurs du Conseil et recogneu qu'il n'estoyent pas disposez à enthériner nostre requeste ; nous avons différé de la présenter et cependant poursuivi la vérification et enregistrement ains que l'affirmation de nos privilèges à la Cour des franchises que nous avons obtenues et rapportées et remis les originaux des dicts privilèges, la dicte confirmation et arrest d'enregistrement dans les escryts de la ville. Pendant ceste sepmaine, les partisans nous firent signifier un arrest qu'ils avoyent obtenu partyes non ouyës, lorsque nous arrivasmes à Paris et donner assignation au Conseil pour prononcer sur l'exécution d'iceluy. Sur laquelle assignation et l'advis de Monsieur Labbé-Dangeron, nostre advocat, nous presentasmes requeste à Monsieur le Chancelier pour commettre un de Messieurs les maistres des requestes pour l'instruction, lequel nous fist ceste faveur de commettre Monsieur Demesmes, sieur de Rual que nous lui avions demandé, ce que nous fismes signifier à nos partyes, partisans qui ne furent pas contens, car ils présentèrent requeste au Conseil pour estre ouys sommairement et davant Monsieur Lebret qui avoyt esté rapporteur de l'arrest de pourvoi, ce qui fust ordonné et nous ayant esté signifié de comparoître devant le dict sieur Lebret, par l'advis du dict sieur Labbé, nous ne comparûmes point; mais despuis il parla au dict sieur Lebret et luy fist entendre qu'y ayant instance qu'un de Messieurs les maistres des requestes commis, Messieurs les Conseillers d'Estat n'en pourroyent cognoistre, de sorte que sur cette remonstrance ledict sieur Lebret ne voulust plus prendre cognoissance, sy bien qu'ayant par ce moyen empesché l'exécution dudict arrest de provision et accroché l'effect, nous sommes retournez sans qu'aulcun establissement ayt esté foict.

Et despuys au moys d'aoust suyvant, le Roy a revocqué le droict de sol pour livre parisis des voitures, tellement que nostre voyage a servy à toute la France pour l'exemption dudict droict.

Monsieur de Valençay, lieutenant pour le Roy en ceste Province.

LE Roy ayant desclaré la guerre au Roy d'Espagne il faict assiéger Dole, capitale ville de la conté de Bourgogne et Monseigneur le Prince qui commandoyt à l'armée de siége a donné commandement à Monsieur de Valençay pour estre lieutenant au gouverneur de Berry, en l'absence de Monseigneur le Prince. Ledict sieur de Valençay est arrivé en ceste ville le samedy 20 septembre 1636 au logis de *Jérusalem* et a faict savoir, par une personne de sa suite, son arrivée à Messieurs de la Ville; lesquels ont doubté et craignoyent le saluer auparavant d'estre informez de son pouvoir. Neantmoins en ayant esté advertys par Monsieur le prevost Bigot, ils s'en allèrent le saluer en son logis.

ANNÉE 1637

Monsieur Pinon nommé intendant.

LE 28ᵉ mars 1637 est arrivé en ceste ville Monsieur Pinon, maistre des requestes, ayant commission de faire payer l'emprunt que le Roy demande à la ville et aultres villes, ainsi que gros bourgs de généralité de Berry et intendance de la justice financière et police en ladicte province.

Le sabmedy 13 juing en suyvant, il est venu dans la chambre du Conseil de l'hostel de ville où il a faict enregistrer la commission et promis se porter au soulagement et des charges de la ville.

Le 29ᵉ dudict moys, jour de la Sainct-Pierre, il est venu présider à l'assemblée de l'eslection des Maire et Eschevins par le moyen de quoy, il a empesché la contestation d'entre Monsieur le

Lieutenant criminel et Monsieur le Lieutenant particulier voulant l'un et l'aultre présider en l'absence de Monsieur le Lieutenant général.

Précocité des vendanges.

La dicte année 1637 a esté la plus advancée pour les vignes qu'il s'en soit veu de mémoire d'hommes. Car la plupart ont vendangé au moys d'aoust et l'ouverture et bannye générale des vendanges a esté au lendemain de Nostre-Dame 9 septembre, le vin qui s'est cueilli a esté très-bon et en abondance : dont Dieu soit loué.

ANNÉE 1638

Mort de Monseigneur Roland Hébert, archevesque de Bourges.

LE 21 juing 1638 est décédé Monseigneur Roland Hébert, patriarche, archevesque de Bourges, en son pallais archiépiscopal dudict Bourges, son corps a esté conduit dans un chariot à Sainct-Pallais, où par son testament il avait esleu sa sépulture; et a esté assisté par forme de convoy despuys l'Archevesché jusqu'à l'esglise de Saint-Privé, par le clergé sans aulcune pompe ny aulcune assistance du Corps; Messieurs de la Ville se disposoyent d'y aller, mais rien ayant esté ordonné, ils s'arrestèrent : parce qu'en telle occasion le Corps de Ville ne marche point sans être invité.

Il y a eu contestation pour le scellé qui fust faict après son descèz par Monsieur Charles Barbier, advocat, bailly du cloistre et encores se disant bailly de la justice du pallais archiépiscopal; en laquelle qualité dernière il avoyt faict le scellé et Messieurs de l'Esglise tous denyoient qu'il avoyt deu travailler comme bailly du cloistre. Monsieur le Lieutenant général pretendant que la cognoissance luy appartenoit parce que l'Archevesché dépend du Roy qui a intérest à la conservation des lettres, fist un aultre scellé par dessus celuy du cloistre, tellement que les exécuteurs testamentaires qui estoyent Monsieur Perrot, chanoyne et chancellier en la dicte esglise et Monsieur Porcher, chanoyne théologal, las de chercher, se sont pourveus à la Cour et a esté dict que le bailly du cloistre leveroit les scellez et d'aultant que par le descèz de l'Archevesque toute la juridiction est déférée au Chapistre : Messieurs du Chapistre pretendant que les officiers n'avoyent plus de pouvoir ont donné commandement à Monsieur l'Official et à Monsieur le Primat qui estoyent Messieurs Estienne Le Mareschal et Claude Gassot, chanoyne, pour continuer leurs charges soubs l'aucthorité du Chapistre et Monsieur l'Official ne l'ayant voulu accepter et soustenant qu'il ne pouvait estre dépossédé, y ont commis Monsieur Foucault, chanoyne, qui, après avoir esté présenté régulièrement à la Cour, a esté maintenu par provision avec ledict Le Mareschal, son officier.

Vœu du roy Loys XIIIᵉ à la Vierge.

EN la mesme année 1638, le roy Loys XIIIᵉ fist vœu à la Vierge et mist son royaulme en sa protection et encores pour le favorable accouchement de la Royne et ordonna dans toutes les églises cathedralles de son royaulme une procession generale le jour de Notre-Dame d'aoust, laquelle est faicte en cette ville avec toutes solemnitez où Messieurs de la Ville assistoyent avec robbes consulaires.

Naissance de Monseigneur le Dauphin. (Loys XIVᵉ du nom.)

LE dimanche 8ᵉ septembre 1638, est nay Monsieur le Dauphin, fils du roy Loys XIIIᵉ et de Anne d'Austriche, à Saint-Germain-en-

Laye, pour laquelle naissance l'on a chanté le *Te Deum* et faict des feux de joye par toute la France. Le mercredy, jour de la Nativité de Nostre-Dame, huitième du dict moys, sur les sept heures du matin, Messieurs les Maire et Eschevins et Messieurs de l'Esglise resceurent lettres du Roy portant advis de la dicte naissance et commandant de chanter le *Te Deum* et faire des feux de joye et aultres tesmoignaiges d'allaygresse. Ce qui fust exécuté le mesme jour et Messieurs les Maire et Eschevins assistèrent au *Te Deum* qui fust chanté faisant la procession au dedans de l'esglise, revestus de leurs robbes et livrées et avec eulx tous les officiers de la ville, après laquelle procession les dicts Maire et Eschevins sortirent de l'esglise et au devant d'eulx l'un des sergents de la ville portant un flambeau, duquel le dict sieur Maire après avoir faict trois tours autour de l'arbre garny et préparé pour le feu, planté au davant du grand portail de l'esglise Sainct-Estienne, met le feu dans le buchet et au mesme temps, les habitants qui estoyent venus en armes au nombre de douze ou quinze cents firent une escoupeterye et les pièces de canon que l'on avoit faict mener dans le cloistre tirèrent sy dextrement que beaucoup d'assistans qui sçavent ce que c'est des armes, dirent qu'ils ne se pouvoit mieux : Après le dict feu les dicts sieurs Maire et Eschevins et Officiers retournèrent en l'hostel de ville, conduits par la dicte infanterie qui fist encores une salve devant le dict hostel de ville. Messieurs de la Ville firent présent au courrier qui apporta cette nouvelle de vingt pistolles vallant 200 livres tournois et Messieurs de l'Esglise celle de. . . Chacun fust resjouy de ceste naissance, comme miraculeuse, veu que le temps qui est de vingt-quatre ans que le Roy est marié, espérant qu'elle nous apportera la paix et par conséquent le soulagement au peuple tellement accablé de tous les subsides, emprunts et subsistances qu'il n'en peult plus. Mais cela n'a pas empesché qu'il ne soit venu icy un commissaire nommé Monsieur Dechaire, maistre de requestes, pour imposer sur le pays 360 et tant de mil livres, 112,000 tériaux de bled, 112,000 tériaux d'aveyne, 1,200 thonneaux de vin et quantité de foings que le Roy demande à la province de Berry pour les subsistances des gens de guerre du quartier d'hyvert oultre les tailles.

Eslection de la Municipalité.

LE jour de Sainct-Pierre 1638, Maistre Charles Charlemagne, sieur de Bery, conseiller du Roy, lieutenant particulier du bailliage de Berry et siége presidial de Bourges, esleu maire l'année dernière, est continué dans les fonctions.

(Il porte d'or, à l'aigle de sable, chargée d'une fasce en devise de gueules, surchargée de trois roses d'argent.)

Sont continués eschevins :

1° Messire Jean Destat, sieur de Poincy, homme d'armes de la compagnie de Monseigneur le Prince (porte d'argent à trois cœurs de gueules surmontés chacun d'une estoille d'azur).

2° Messire Mareschal, sieur de La Grand-Rivière, advocat en Parlement (porte d'azur à la tour coulissée et flanqué de deux autres tours d'or, le tout massonné de sable, et ellioré de gueules à pointes et girouettes d'argent).

Et sont esleus eschevins :

1° Claude Stample, sieur de Vilarçon, receveur général des gabelles et trésorier de la maison de Monseigneur le Prince (porte d'argent au chevron de sable, accompagné de sinople en chef et d'une main d'oyseau de gueules, périe percé en pal, en pointe), esleu au lieu du sieur Sergent, sieur de Parvesche.

2° **Loys Le Large**, sieur de Malzac de Bois-Japhier, ci-davant lieutenant à Chasteauneuf (porte de gueules à la colombe d'argent membrée et becquée du premier, perchée sur un estoc d'arbre péry en bande d'or, au chef de gueules soustenu d'or, chargé de trois estoilles du second), esleu au lieu du sieur du Coing, sieur de Soye et gendarme de la compagnie de la Royne pour le quartier Saint-Privé.

Régiment de Rébé entré dans la ville pour y loger d'où il fust chassé.

Sur la fin de la dicte année 1638, et le premier quartier de 1639, y a eu des gens de guerre en garnison en quelques villes de la province, et encores un régiment appelé le régiment de Rébé pour contraindre tout le plat pays au payement des subsistances et emprunts qui ont faict un tel dégast et usé de telles cruautés que le pauvre peuple abandonnoit tout : et mesmes ayant lettres de cachet du Roy et de Monsieur le Prince pour entrer en garnison en cette ville et loger chez les habitans qui n'avoyent pas payé leurs taxes, le dict sieur Dechaire aurait interpellé Messieurs les Maire et Eschevins de les faire entrer à peyne de desobéissance et de rebellion ; on l'auroit prié de les envoyer aux environs jusqu'à ce que l'on pust tirer des habitans ce qui estoit deub de rester, mais ne l'ayant peu ils auroyent esté contraincts de les faire entrer dans la ville où estant dans la place de Sainct-Pierre, attendant leurs billets qui avoyent esté faicts par ordre du dict sieur de Rébé ; il y eut quelques querelles entre un jeune clerc et quelques soldats qui luy auraient osté sa cazaque qui causa une rumeur du peuple, laquelle fust incontinant appaisée par le bon ordre de Messieurs les Maire et Eschevins et l'énergie et la vigilance de Monsieur de Poincy, de sorte que les gens de guerre sortirent et on les fist loger aux fauxbourgs et despuis ne sont pas retournez.

Le dict sieur Dechaire est demeuré en ce pays jusque sur la fin du moys de juing pendant lequel il a levé de grands deniers dans la province et généralité ayant converti les denrées de bled, vin, foyn et aveyne en argent à ault prix et par la rigueur des dicts gens de guerre et contrainct au payement en sorte que la plus part en sont ruynés.

Et oultre tout cela prétendant avoir commandement du Roy pour imposer la subsistance de l'année 1639 et taxer les habitans des villes et gros bourgs; a faict deux taxes sur cette ville l'une de 20,000 livres tournois pour la subsistance, pour laquelle il a donné contraincte contre vingt des principaux habitans qu'il a taxés à 1,000 livres chascun, sans préiudice de leurs recours contre tous les habitans; et l'aultre de la somme de 80,000 livres tournois contre les aizés, desquels il a faict un rôle où il a compris tous les officiers; et le jour de son départ a faict signifier et bailler copye des dicts rôle et taxe à Monsieur Mareschal, eschevin, avec injonction de faire signifier aux dénommez les dicts rôles, à peyne d'en respondre en son privé nom.

ANNÉE 1639

Eslection de la Municipalité.

LE jour de la Sainct-Pierre 1639, ont esté nommez par l'ordre de Monseigneur le Prince : Maire, Antoine Bigot, escuier, sieur de Beaulieu, conseiller du Roy, prevost général et provincial de la maréchaussée de Berry : (armoiries: porte de sable à trois visages de léopard d'or, lampassez de gueules, à une estoille de huit rais en chef).

Eschevins continuez: Claude Stample, sieur de Vilarçon et Loys Le Large sieur de Malzac et de Bois-Japhier.

Esleus Eschevins: Louis Picault sieur d'Hierry pour le quartier Bourbonnoux : (armoiries: porte d'argent au chevron d'azur, accompagné de trois œillets de gueules, soustenus et feuillés de sinople à la bordure du second), et Jean Communy sieur des Fosses, pour le quartier Sainct-Sulpice, lequel faisoit mine de le refuser et le peuple est satisfait de son consulat (armoiries: porte d'azur à la fasce en devise d'argent à une pomme de pin d'or en chef et un soleil de mesme en pointe).

Prise de Salces.

Le dimanche 7 aoust 1639, a esté faict un feu de ioye sur la plate-forme du faubourg de Bourbonnoux, vis-à-vis de la Grosse Tour pour la réjouissance de l'heureux succès des armes du Roy soubz le commandement de Monseigneur le Prince lequel avoyt pris Salces par assault, ville et forteresse de la comté de Roussillon, le 19 du moys précédent, mais l'on en avoyt resceu les nouvelles assurées que le jeudy 4 dudit moys d'aoust, auquel feu de ioye le peuple tesmoigna une grande affection, y ayant plus de 800 ou 2,000 soldats, bien qu'ils n'eussent esté advertis que le matin.

ANNÉE 1640

Mort du premier membre de la famille Le Large, autheur de ces récits.

MONSIEUR Le Large, mon père (Paul), qui a escrit les choses cy dessus est mort le 16 aoust 1640, advocat, âgé de 59 ans, 10 mois et 20 jours et a esté enterré à Sainct-Jehan des Champs, vis-à-vis le premier pilier en entrant dans l'esglise à main gauche. J'ai suivy ses mémoires que j'avoys trouvés dans un lieu particulier.

Sedition populaire du jour de Sainct-Roch.

JEUDY 16 aoust 1640 est arrivée à Bourges une sedition populaire au subiect de quelques maltotiers qui estoyent en cette ville logez à la Croix-d'Or, rue Sainct-Privé et qui demandaient quelques taxes aux sergents. Messieurs les Maire et Eschevins se transportèrent, qui eurent bien de la peyne à empêcher l'émotion, furent poursuivis de quantité de gens à coups de pierres et quelques-uns d'eux blessez. Un habitant tué par un officier de ville a causé la rebellion. Les dixainiers ont été blessez et désarmez. Un nommé Léonard Blanchard a esté blessé par un des maltotiers d'un coup de pistollet et fust le dict meurtre aucthorisé par Monseigneur le Prince qui vint quelques jours après, et fist faire une exacte recherche des séditieux, accompagné des habitans en armes qui l'assistèrent à tour de roole; fit trois harangues au peuple dignes d'admiration, blasma Messieurs du Présidial et voulut qu'ils fissent le procès aux contumax séditieux. Les dicts sieurs du Présidial furent exempts du port d'armes. Despuis sur le rapport du Lieutenant criminel, de Monsieur de Bengy président et de Monsieur Pinon, intendant de la Justice, plusieurs des séditieux ont été condamnez à estre pendus et estranglez, les autres bannys et d'autres punys de grandes mulctes.

Le jugement fust prononcé le jeudy 5 décembre 1640.

Grandes eaux.

Environ du 15 au 24 septembre 1640, les eaux ont esté si grandes qu'elles ont inondé quasi tous le païs, et que le pont d'Orval à Sainct-Amand, qui est sur la rivière du Cher, en fust rompu.

Establissement du sol pour livre sur marchandises.

Le mercredy 17 avril 1641, Monsieur Pinon, intendant de la Justice est venu en chambre de ville où il a présenté l'édict du Roy portant establissement du sol pour livre de toutes sortes de marchandises, et on a esté contrainct de le recevoir, quelque remonstrance que l'on ayt peu faire, et de faict le jeudy en suyvant l'on a commencé de le lever aux portes sur toutes sortes de danrées et provisions des habitans.

Le Maire et les Eschevins furent avec l'Intendant aux portes pour l'establyr ce qui fist fort murmurer le peuple contre eulx.

ANNÉE 1641

Mort de Monsieur le Comte de Soissons.

LE 8 juillet 1641 Loys de Bourbon, comte de Soissons, prince du sang a esté tué portant les armes contre le service du Roy, joinct avec les Princes de Sedan, Messieurs de Guise et avec malcontens. La dicte mort arriva en une bataille qui fust livrée au siége de Sedan par le maréchal de Chastillon, voulant assiéger la dicte ville retraicte des Princes. Ceste mort a esté la plus grande perte que pouvoyt faire la France en un temps si calamiteux; le dict Prince estant seul capable de remettre les peuples en liberté opressez par la levée incroyable des deniers, des tailles, subsistances, empruncts, taxes d'aides, sol pour livre et avec infinité d'espèces de maltôtes qui ont rendu la ville de Bourges, sans considération de tous ses beaux priviléges, en une grande nécessité et les habitans dans une contraincte de ne pouvoir sortir, dans la crainte d'estre emprisonnez pour le paiement des dicts deniers, ce que n'a peu éviter Monsieur Jaupitre, conservateur, cy devant maire en la ville, lequel fust emprisonné à Paris en ce temps-là pour la taxe des aydes.

Grand buveur d'eau.

LE 23 aoust 1641 est arrivé un homme en ceste ville qui se dit Maltois de nation, lequel beuvoit de l'eau en grande abondance, laquelle il rendoit par la bouche de couleur de vin cléret et de bière, sans odeur de vin ny de bière, puis convertissoit cette eau avalée en eau de roze, eau-de-vie, eau de naphte, liqueur, huisle rozat, huisle d'olive qui avoyent la couleur et odeur des dictes eaux et liqueurs et un mouchoir trempé dans ceste eau-de-vie, rendūe par iceluy, brusloit comme s'y c'eust esté vraye eau-de-vie, et par un effort rendait par la bouche grande quantité d'eau de forme de fontaine qui s'eslevoit d'aulteur d'homme et iceluy disoit qu'il rendoit les mêmes espèces par la v...., ce qu'il n'a pourtant point faict en ceste ville, et ce qui estoyt rare c'est qu'en mesme instant il rendoit l'eau rouge et l'eau blanche par la bouche et la distinguoit par gobelets. Il rendoit de l'eau en lait, ce qui a esté trouvé très rare et admirable et ne le croirais pas sy je ne l'avoys pas veu, ce qui est fort vray, ce que pour veoir l'on païait 5 sols par homme.

Parricide.

Le jeudy 5 septembre entre dix et onze heures du soir Jehan Bonère dict Ladois, tua et assassina Monsieur Cyprien Bonère, son père, endormy dans son lit et l'outragea de huit coups d'espée, meurtre jusqu'à présent inouy dans le païs. Le dict Ladois se sauva par le ministère de ses parins blasmés de l'avoir maintenu dans un si mauvais culte. Depuis il fust pris sur le chemin de Lion à la Palice, et ramené à Bourges, mis aux prisons royalles le dimanche 15 septembre à l'heure de midy. Tout le peuple accourust pour veoir passer le misérable qui ne changeoit pas de couleur, aussy assuré qu'un homme de bien. Or, le jeudy suivant son procès aiant esté instruit, veu et jugé, fust condamné à faire amende honorable devant l'esglise de Sainct-Estienne, nud en chemise, la torche au poind. De là, conduict devant la maison de son père, pour avoir le poind couppé, et puis à la place de Bourbon roué tout vif et après bruslé ce qui fust exactement exécuté, tout le peuple y accourust. Le jugement fust prévostal contre l'advis de plusieurs convaincus que le dict Ladois mouroit en homme repentant et que Dieu agissait pour servir d'exemple en cette action où l'on blasmoit le père d'avoir mal conduict son fils et a iceluy donné mauvais exemple. Dieu leur fasse paix à tous deux.

Incendie.

LE mardy 16 novembre 1641 est arrivé un feu dans un logis du placis Sainct-Ursin, dépendant du Chapitre et occupé par un nommé Girardin, lequel feu fust fort violent et commença à six heures du soir ce qui fist qu'il fust fort bien soulagé de faict et ne passa pas oultre la dicte maison.

ANNÉE 1642

Entrée à Bourges de Monsieur frère unique du Roy.

Le lundy 25 may 1642, Monsieur Jehan Gaston de Bourbon frère unique du roy, Loys XIIIe, entra à Bourges pour la première fois où il fust venu avec aultant d'aplaudissements que ne peut le dire. Il sortit de la ville plus de trois cents hommes en armes et plus de trois cents chevaux ; vint de Vierzon et entra par la porte de Sainct-Sulpice où il avoyt couché et s'en alla le lendemain coucher à Sainct-Amand pour voir Montron ; pour de là aller à Bourbon-les-Bains. Le Corps de Ville estoyt en robbes de livrée accompagné des trente-deux Conseillers et de tous les Officiers, qui le fust recevoir à la porte de la ville et luy présenta les clefs : les harangues faictes, Messieurs les Maire et Eschevins le furent veoir au logis du Roy où il fust descendre tout droict, et luy présentèrent du vin et des confitures, et le lendemain jour de son départ, le Corps de Ville en mesme robbes de livrée le fust attendre à la porte d'Auron où l'on prist congé de luy et tesmoigna estre fort sattisfaict de la reception que l'on luy avoyt faicte; l'on ne s'espargna point de tirer le canon, tant à son arrivée qu'à son départ, si bien que l'un des dicts canons creva sans offenser personne dont on s'estonna fort.

Nota. — Les uns traictèrent le dict Seigneur d'Altesse royalle, les autres de Monseigneur simplement, et la plus saine et grande partye des hommes de capacité pensa qu'il le falloit traicter Altesse royalle.

L'un des Eschevins nommez Monsieur de Boisgueret fust députté pour aller luy faire les offres de services à Vierzon lequel prist avec luy six des plus qualifiez de la ville pour l'accompagner lesquels vindrent fort mal satisfaicts du compliment de leur Eschevin.

Le sieur Bourges aussy eschevin et cappitaine du quartier Sainct-Privé, fut eslu pour conduire la cavalerie dont il s'acquitta fort dignement et au contentement d'un chascun, tant pour sa personne que la harangue qu'il fist.

Assassinat du sieur Regeot.

Le vendredy 25 juillet 1642, le sieur **Regeot de Lusson** esleu, en allant de sa maison à la foire à Rian, fust malheureusement et traitreusement attaqué et blessé d'un coup de pistollet dans les rhins par un des huict qui l'attendoyent, gens de néant, maltôtiers, sous pretexte de luy faire commandement de payer une taxe à laquelle les sieurs esleus estoyent taxez solidairement. Deux des assassins furent pris et conduicts aux prisons de cette ville et leur procès fort mal poursuivy par l'intelligence de l'intendant de justice Monsieur Barrin de Rosay, soustien de tels gens. Le dict sieur de Lusson quasi par miracle, n'en est pas mort.

Pour le mesme faict du sieur de Lusson, le sieur Saureau esleu a esté emmené prisonnier à Paris le vendredy 5 août 1642.

Mort de la Royne mère.

Le jeudy 7 août 1642 l'on a faict un service solennel à Sainct-Estienne pour le repos de l'âme de la deffuncte Royne mère du roy

Loys XIII°, Marie de Médicis de Florence qui est morte en la ville de Coulognes, disgraciée du Roy, son fils, depuis huict ans en ça par l'advis de Monsieur le grand cardinal duc de Richelieu, autheur de tous les malheurs du siècle, mais puissant esprit pour maintenir un Roy dans sa splendeur. Elle a beaucoup souffert dans sa disgrâce et réduicte dit-on à une pauvreté honteuse pour sa qualité, qui avoyt un fils roy, deux filles roynes d'Espagne et Angleterre, une autre souveraine duchesse de Savoye. Dieu luy fasse paix, et bien quelle est cause de beaucoup de troubles dans cet estat il est à notter que le Cardinal qui estoyt sa créature a esté l'autheur de son infortune.

Gresles.

Despuis le 21 jusques au dernier d'aoust 1642 les gresles ont esté fort fréquentes et de grosseur et quantité estrange et ont endommagé les bleds restés à cueillir et les vignes quasi universellement de Berry, et aussy fréquemment de plusieurs aultres provinces et faict on nombre en Berry de cent quarante parroisses. La dicte gresle estoyt si grosse qu'elle a tué plusieurs personnes et grand nombre de bestiaux, ce qui a causé un grand déluge d'eau et peu de foings et de bleds.

Tarif pour la Ville.

CESTE ville de Bourges, surchargée d'empruncts et subsistances, a esté contraincte après la vente de tous les communaux offrir la dicte ville, d'establir un droit sur les danrées entrant en ville, appelé le tarif, lequel droict a dans le commencement esté levé par les habitans, chacun à tour de roolles, mais enfin se sont lassez et a esté levé par des officiers de ville, qui s'en acquittoyent fort mal et appliquoyent l'argent à leur proffict, ce qui faict que la ville est beaucoup oppressée par cette levée et peu soulagée de l'argent qui en revient. L'on n'a peu affermé les droits du tarif à cause du sol pour livre, l'un et l'autre s'entre nuisant, le tarif estant trop ault, l'on a esté contrainct de le diminuer pour le vin dans l'aprehention de la cherté d'iceluy.

Baux des fermes de la Ville. — Tumulte et sédition.

Le 29 septembre 1642 jour de Sainct-Michel les fermes de la ville ont estés criées et baillées à plus ault prix que l'année précédente et il est à remarquer qu'en la salle basse de l'hôtel de ville où se font les baux il y avoyt du peuple beaucoup plus qu'à l'ordinaire qui estoyent venus pour s'opposer à la ferme des impositions du bled attendu que le bled estoyt cher cette année et disoyent aultement qu'ils vouloyent que le dict droict fust aboly et faisoyent grand bruict sur ce subiect; ce qui obligea Messieurs les Maire et Eschevins de se lever du siége, fendre la presse, cognoistre les séditieux et les faire chastier, ce qui causa un grand murmure dans l'assemblée. Pourtant le peuple veu la résolution des dicts Maire et Eschevins qui avoyent faict fermer les portes de l'hostel de ville, se calma et souffrit publier et octroyer les fermes. Telle impudence n'avoyt jamais esté faicte.

Ensuite des quels baux et veu l'augmentation du trezain qui estoyt du tiers du montant, il fust faict assemblée par les patissiers, hosteliers, taverniers et aultres par laquelle ils résolurent de se pourvoir par requeste par devant Monsieur Barrin, intendant, tendant affin d'abolition de l'augmentation du dict trezain sur laquelle requeste Monsieur l'Intendant ordonna que Messieurs les Maire et Eschevins seroyent ouys de suite avec eux. Ceux-ci firent en corps leur remonstrance de ce qu'ils ne devoyent pas estre mis en égalité avec des gens de ceste sorte des quels il estoyent les juges naturels et qui n'estoyent point compétens pour agir contre leurs supérieurs, demandoyent le renvoi de la requeste ce que l'Intendant refusa au grand mécontentement des Maire et Eschevins qui se repentirent de n'avoir point faict mettre les autheurs de la requeste en prison. Quelques jours après, les mêmes présentèrent requeste par devant Messieurs de la Ville tendant affin de pardon sur laquelle ils eurent peu de sattisfaction.

Vol de la foire de Rémond le jour des morts.

LE dimanche second jour de novembre 1642 huict ou dix hommes bien montez vollèrent les marchands qui alloyent à la foire de Rémond, prirent plus de cent gassots à la veüe du peuple entre Avor et Farges. Ce vol est demeuré impuny.

La grande fille aagée de vingt-un ans.

AU commencement de novembre 1642 est venue en ceste ville une fille d'une immense et extraordinaire grandeur qui estoyt de 6 pieds et demy taille à proportion. Pour la veoir l'on donnait deux sols. Et estoyt logée à l'hotellerie du *Eaume*.

Mort du grand cardinal de Richelieu.

JEUDY quatriesme du moys de décembre 1642 à une heure après midy, est mort à Paris dans son pallais le grand cardinal duc de Richelieu. Les faicts duquel ont esté sy excellents et sy extraordinaires qu'il n'est pas possible de les exprimer, sans avoir recours à l'histoire pour les cognoistre. Il est vray qu'il a esté cause de grands maux, mais il fault aussy avouer qu'il a faict régner son prince Loys XIII° du nom le plus glorieux roy de l'univers, et qu'il a passé de grandeur d'esprit tous les ministres d'Estat qui ont passé devant luy. Nostre-Seigneur le récompensera selon ses mérites. Il a faict le Roy héritier de trésors infinis et légué quelques unes de ses maisons à ses parens, Monsieur le Dauphin légataire de son pallais cardinal avec tous les meubles les plus précieux du monde. Et après sa mort ce que je trouve rude et extraordinaire, chascun en a parlé et l'a déchiré par escripts infâmes et chançons publicqs, par épitaphes scandaleux, le tout en présence du Roy qui l'a souffert, tesmoignaige certain de son aversion et que s'il l'enduroit c'estoyt par force et ne trouvant pas de moyens licits ou assez forts pour s'en déffaire, il n'y a si petit poete qui n'aye escript sa vie, ny si petit esprit qui n'ayt travaillé à faire quelque chose sur ce subiect. J'en ay extraict ce que j'ai pu recouvrer. (*Voir à la fin du volume.*)

ANNÉE 1643

Festin des sieurs Docteurs commué en argent.

L'UNIVERSITÉ en corps recognoissant le pouvoir que Messieurs les Maire et Eschevins ont sur elle vint en la chambre de ville le 6ᵉ jour de novembre 1642, où elle remonstra que les affaires l'avoyent obligée d'empruncter de l'argent, pour satisfaire au payement duquel, ils désiroyent commuer en argent le festin que eux les sieurs Docteurs de l'Université donnoyent au Corps de l'Université et à Messieurs les Maire et Eschevins, et pryoient ceux-ci vouloir agréer et aprouver, à quoy ils aplaudirent, moyennant que le festin se remestroit lorsque l'Université seroyt acquittée, dont il fust dressé acte qui est dans le registre des délibérations de la ville.

Copye de l'arrest rendu contre Messieurs Le Grand (Cinq-Mars) et de Thou.

ENTRE le Procureur général du Roy, demandeur en cas de crime de lèze-maiesté d'une part ;

Et Messire Henry d'Effiat de Cinq-Mars, grand escuier de France, et François-Auguste de Thou, conseiller du Roy, en son Conseil d'Estat, prisonniers au château de Parrensise, de Lyon, d'autre part ;

Veu le procès extraordinaire, faict à la requeste du Procureur général du Roy, à l'encontre des dicts sieurs d'Effiat et de Thou, informations, interrogatoires, confessions, dénégations et confrontations, copye du traicté faict avec l'Espagne et de la contre-lettre faicte ensuite du dict traicté, en datte du treize mars dernier, arrest du six de ce moys de septembre et pièces contenues en iceluy et tout ce que le dict Procureur général a produict et remis. — Le sieur d'Effiat ouy et interrogé en la chambre du Conseil du Présidial de Lyon, sur les cas à luy imposez, sa desclaration, recognoissance et confession, confrontation du dict sieur d'Effiat avec sieur de Thou et le dict de Thou pareillement ouy et interrogé en la dicte chambre, et conclusions du Procureur général du Roy, et tout considéré, les commissaires députez par Sa Maiesté, auxquels Monsieur le Chancelier a présidé, faisant droict sur les conclusions du dict Procureur général, ont déclaré les dicts d'Effiat et de Thou attins du crime de lèze-maiesté, sçavoir le dict d'Effiat pour les conspirations, entreprises, proditions, ligues et traictés faicts par luy avec les estrangers contre l'Estat, et le dict de Thou pour avoir eu participation et cognoissance des dictes conspirations, entreprises, proditions, ligues et traictés.

Pour réparation desquels crimes les ont privez et privent de tous estats, honeurs et dignités, les ont condamnez et condamnent avoir la teste tranchée en un échafault qui, pour cet effect sera dressé sur la place des Terreaux de ceste ville, ont desclaré et desclarent tous leurs biens acquis et confisquez au Roy et ceux par eulx tenus immédiatement de la Couronne réunis au domaine d'icelle, sur iceux préalablement pris la somme de soixante mil livres applicable aux œuvres pies et néantmoings ordonnent que le dict d'Effiat, avant l'exécution, sera appliqué à la question ordinaire et extraordinaire pour avoir plus ample révélation de ses complices.

Prononcé et arresté à Lyon, le vendredy douzième jour de septembre 1642.

> Morte pari periere duo sed dispari causa :
>   Fit reus ille loquens, fit reus iste tacens.
> Morte pari periere duo, sed perdidit istum
>   Fracta fides, socium perdidit arcta fides.

Sera noté que Monsieur Gaston de France, frère unique du Roy, avait brassé la conspiration avec Monsieur de Bouillon, seigneur de Sedan. Le général donoit Sedan pour retraicte et passage aux ennemis. Le dict seigneur de Bouillon obtint sa grâce et abolition par le moyen de ce qu'il remit la ville et domaine de Sedan en pleine puissance et sans récompense au Roy lequel l'a maintenant en sa possession et sans la deposition de Monsieur frère du Roy les dicts sieurs d'Effiat et de Thou n'eussent pas esté deffaicts. Car il n'y avoyt pas de prince contre eux, ce qui a faict blasmer, Monsieur frère du Roy ne devant estre tesmoing contre ceux qui le servoyent. Mais cette action n'est que la suitte de plusieurs autres semblables. Il encourust pour ce subiect la disgrâce du Roy avec lequel on le mist bien après la mort du Cardinal Duc, mais non sans peyne.

Monseigneur d'Hardyvilliers, archevesque de Bourges.

LE lundy xxx mars 1643, Monsieur Pierre d'Hardyvilliers, docteur de Sorbonne en grande recommandation et curé de Sainct-Benoist à Paris, a pris possession de l'Archevesché de Bourges, vacant par la mort de Monseigneur Roland Hébert. Les cérémonies sont telles :

Il entre par la Porte Jaulne où il est attendu et resceu par le chantre de l'esglise comme seconde dignité. Accompagné de quelques uns de Messieurs de l'Esglise, il faict harangue et preste le serment à Monseigneur l'Archevesque, comme il ne prétend rien dans l'estendue du cloistre. En tesmoignaige de quoy on luy oste la chappe dont il est revestu laquelle est deschirée et chacun faict effort pour en avoir; cette chappe estoyt en taffetas blanc avec passements d'or; il fust resceu par Monsieur Fra_ abbé de Plaimpied, chantre.

Les cérémonies de la porte faictes, il est conduict par le dict chantre, ses assistans et aultres devant la grande porte de l'esglise où il est resceu par Monsieur le Doyen lequel faict harangue. La lecture est faicte d'un acte portant la protestation du dict Archevesque qu'il ne prétend rien dans l'esglise ny sur le Chanoine, le dict acte il signe, et là on luy change sa mitre et chante le *Te Deum*.

Quoy faict, il est conduict au grand autel ou il faict un nouveau serment d'entretenir tout ce à quoy sa charge et dignité l'obligent soit pour le faict de l'esglise ou aultrement, ce qu'il signe, de la il est conduit en sa charge archiepiscopalle d'où il donne sa bénédiction au peuple. Puis est conduict en sa place du chœur qui est la première à main droicte, en entrant dans le chœur où aiant seiourné quelques temps il est conduict au Chapistre où il est resceu comme chanoine.

Mort du Roy Loys XIIIe.

Le vendredy 15 may 1643 est arrivée en ceste ville la nouvelle de la mort du Roy Loys XIIIe, heureusement régnant lequel est mort d'une grande et fascheuse maladye le jeudy XIII du dict moys, à troys heures après midy, en son chasteau de Sainct-Germain-en-Laye et a laissé deux fils, l'aisné nommé Loys, baptisé le 4 du dict moys de may en la chapelle du dict Sainct-Germain et tenu sur les fonts par le cardinal Mazarin au nom du Pape et par Madame la Princesse de Condé au nom de la Royne d'Espagne et le deuxième fils duc d'Anjou.

Le Roy avant sa mort a ordonné de l'ordre du gouvernement en son Estat et faict la Royne régente, Monsieur le Duc d'Orléans, son frère, lieutenant général de la Royne, et généralissime des armées, Monsieur le Prince de Condé, chef du Conseil, Messire Seguier, surintendant, Chavigny et le cardinal Mazarin ministre d'Estat à la charge que toutes les affaires s'exécuteront à la pluralité des voix.

Ce bon prince est mort après avoir longuement souffert mais patiemment et généreusement, regretté de tous ses subiects pour le bien de la paix qui leur promettait, laquelle Nostre-Seigneur nous envoira si luy plaist et au deffunct la gloire de son paradis.

En suitte de cette mort, le 11 juing suivant, Monseigneur l'Archevesque a resceu ordre du

Conseil de faire les prières pour l'âme du deffunct ce qui fust exécuté le lundy XXII du dict moys de juin et le mardy suivant sans grandes cérémonyes, Messieurs de l'Esglise de Bourges prétendant que c'estoyt à Messieurs les Maire et Eschevins de faire la despense pour la tanture d'esglise et chapelle ardente, Messieurs de la Ville au contraire et ainsy il n'y eut rien de faict sauf que Messieurs de la Ville assistèrent aux vigilles et messe du landemin revestus de leurs robbes consulaires, les officiers devant eux qui portoyent douze torches ardentes ornées des armes du Roy à doubles et celles de la ville simples ; le cryeur de patenostre le jour auparavant ayant les armes du Roy devant et derrière son dos fust publier par la ville la cérémonye et le lendemain Messieurs ornés de mesme, Monsieur le théologal Porcher fist la harangue funèbre. Le mercredy et le jeudy l'on fist les mesmes prières à la Saincte Chapelle où Messieurs de la Ville assistèrent non revestus de robbes avec six torches comme celles cy-devant. Le Père Charpignon, jacobin, fist la harangue funèbre et y réussit beaucoup mieux que Monsieur Porcher.

Bataille de Rocroy remportée par le duc d'Enguien.

LE 22 may l'on a eu la nouvelle de la célèbre bataille de Rocroy gaignée sur les Espagnols par Monseigneur le duc d'Enguien où il y a eu plus de 6,000 hommes tués sur la place et aultant de prisonniers, toute l'artillerie, munitions de guerre et de canon et tout l'argent. C'est la bataille la plus célèbre et la plus de conséquence qui soist jamais gaignée en France laquelle a donné de très grands applaudissements à Monseigneur le Duc et on a rendu des grâces à Nostre-Seigneur et faict feu de ioye et particulièrement en ceste ville de Bourges où l'on n'a rien oublié de son debvoir.

Rocroy est une ville sur la frontière de Picardie, laquelle estoyt assiégée par les Espagnols.

Prise de la ville de Thionville.

LE dixiesme d'aoust il est arrivé la nouvelle de la prise de Thionville, ville des plus fortes des ennemys, par le mesme seigneur duc d'Enguien, seconde action qui rend la première plus glorieuse et quoique pour cette place et pour l'avoir, l'on aye perdu plusieurs gens de condition qui sont et seront regretés en France, on ne laisse de faire de grandes réiouissances publiques, par toute la France, tant en recognoissance envers Nostre-Seigneur qu'en considération de Monseigneur le Duc que l'on publye pour ses aults faicts le libérateur de la France. L'on a faict en cette ville grands feus de ioye et assemblées de tous les habitans en armes. Ses aults faicts luy ont suscité plusieurs ennemis dans le royaulme soit par envye soit par animosité particulière; mais le temps luy en fera avoir raison et la Royne régente a exilé plusieurs seigneurs et dames à ce subiect qui conspiroyent contre le bien du dict seigneur Duc.

Première messe de Jehan Le Large.

LE quatre octobre 1643, premier dimanche du dict moys, Monsieur Jehan Le Large mon frère, bachelier de Sorbonne, chanoine du Chasteau lès Bourges, a dict et célébré sa première messe en l'esglise des Religieuses de la Visitation où ont assisté tous les plus proches parents et amys lesquels il festiva le dict jour.

Prédicateur.

Aux Advents 1643 et Caresme 1644, nous avons eu pour prédicateur Monsieur Duchesne docteur de Sorbonne, homme de grand mérite, capacité et fort instructif. Il faisoyt le dimanche et jeudy de chascune sepmaine des instructions pour la jeunesse.

ANNÉE 1644

Organisation d'une compagnie de fusiliers pour la levée des tailles.

En la mesme année 1644 ont esté establys par Monsieur Barrin, intendant de justice, une compagnie de fusiliers pour la levée des tailles, qui alloyent loger de parroisse en parroisse comme soldats au grand préiudice et charge des pauvres habitans comme du tout extraordinaire et inventée par les partisans qui avoyent traicté des dictes tailles au préiudice des receveurs tant generaulx que particuliers, qui ont été despossédez de l'exercice de leur charge pour les années 1643 et 1644 et au subiect des mesmes fusiliers qui furent chargez en la parroisse Morogues par les habitans du lieu, la dicte parroisse, habitans d'icelle et le Seigneur furent maltraictés par l'Intendant, le procès instruict comme criminel et par jugement du Présidial, quelques habitans furent condamnés aux galères et à faire amende honorable, les cloches de la parroisse despendues hors le clocher et le Seigneur suspendu de la justice durant six moys.

ce qui fust à grand préiudice et qui donna une telle terreur aux autres parroisses qu'elles resceurent sans contredict les dicts fusiliers.

Prise de la ville de Gravelines.

LE 29 juillet 1644, la ville de Gravelines située en Flandre, à l'embouchure de la mer, a esté assiégée et prise par Monseigneur Gaston, duc d'Orléans. Au siége de la dicte ville il y a eu de morts plus de 4,000 hommes et plus de 3,000 blessés, tant hommes de condition qu'aultres, et le dimanche 14 aoust en reiouissance de ceste victoire a esté chanté un *Te Deum* à Sainct-Estienne et faict un feu de ioye à la place Bourbon. Cette ville cousta beaucoup d'hommes et d'argent et nous profita peu. Dieu nous envoye la saincte paix !

Mort du Pape Urbain.

LE 13 aoust 1644 l'on a eust la nouvelle en ceste ville de la mort du Pape Urbain huictiesme arrivée le dernier juillet, plusieurs foys légat en France et faict cardinal à la prierre du roy Henry IV surnommé le Grand.

Ce Sainct Père estoyt entré dans le Pontificat en l'an 1628. Il portoict pour armes :

Trois mousches abeilles sur lesquelles l'on avoit faict les vers suivants au subiect qu'il estoyt plus porté pour la France que pour l'Espagne :

> Mella dabunt francis, hispanis spicula figent ;
> Spicula si figant, vita cum melle carebunt.

A quoy il respondit :

> Mella dabunt francis, hispanis vita relicta est ;
> Spicula nam princeps figere nescit apum.

Emprunt de 1644. — Taxe sur les nouveaux mariés.

EN la mesme année 1644 la ville de Bourges estant pressée par le Roy, pour fournir argent pour la subsistance de ses gens de guerre, l'on a esté contrainct de faire un emprunct par taxe sur les plus aizés particuliers habitans de la ville qui n'avoyent pas été taxés en l'an 1637 que l'on fist la mesme chose, et sur les *nouveaux mariés* et qui a bien faict du bruict et donné grand peyne à Messieurs les Maire et Eschevins.

ANNÉE 1645

Promotion de Monsieur Le Large, mon frère, à la prébende de Sainct-Estienne.

LE lundy 23 janvier 1645, Monsieur Jehan Le Large, mon frère, a esté mis en possession d'une prébende de Sainct-Estienne, vacante par la démission de Monsieur Mathieu Perrot, chancellier de la dicte esglise.

La fille à barbe.

LE 18 janvier 1645 j'ay veu en ceste ville une fille extraordinairement veslue par tout le corps qui avoyt du poil au manton et moustaches comme l'homme le mieux fourny et des deux oreilles luy sortoyent de grandes moustaches qui descendoyent jusques au manton. Son poil estoyt extrêmement blond et deslié. Elle estoyt aagée de vingt ans et se disoyt estre d'Alemagne. Elle estoyt logée au *Chesne percé.* L'on bailloyt un sol pour la veoir.

Grand vent.

La nuit du sabmedy au dimanche 4 febvrier 1645 il est survenu un vent sy viollent et sy impétueux, qui a esté quasi universel, qu'il a esté abbatu des maisons, ruyné les esglises, abbatu des clochers et piramides de la Saincte-Chapelle, ruiné des forests toutes entières. Il s'est veu du feu meslé parmy cet orage. Le vent de la Sainct-Nicollas vent sy furieux pour ceulx qui l'ont veu n'a point esté sy violent. Il a faict en ceste ville pour plus de 150,000 livres de desmolitions et par toute la France des pertes indicibles et par sa violence la mer a passé ses bornes de six lieues à la ruyne et oppression totale de ses voysins.

Grand jubilé.

Le dimanche second jour d'avril 1645 a esté faicte procession généralle pour l'ouverture du grand jubilé octroyé par N. S. P. le Pape Innocent en faveur de sa promotion au Pontificat; la procession fust de Sainct-Estienne en l'esglise des Carmélites.

Rixe de Monsieur Durand, maire, avec Monsieur le Lieutenant général.

Le mercredy dernier jour de may 1645, Monsieur Pierre Durand, maire de la ville, eust querelle avec Monsieur Biet, lieutenant général, qui estoyt venu en l'hostel de ville. Pour la closture des comptes, le dict sieur Lieutenant général cherchant occasion de quereler le dict sieur Maire au subiect de la justice et seigneurie de Nouhant appartenant à l'hostel Dieu et qui avoyt été estroussée (adjugée) à Monsieur Chabenat, viconte de Savigny, à la somme de 300 livres, à l'instigation et poursuittes du dict sieur Durand et contre le sentiment et empeschement du dict sieur Lieutenant général lequel la vouloyt avoir. Il prist son subiect de querelle sur ce qu'il disoyt que les sieurs auditeurs des comptes n'estoyent que comme ses assistans sans pouvoir ; ce que Monsieur le Maire luy dist n'estre poinct ainsy observé, qu'il falloyt veoir les aultres comptes à quoy le dict sieur Lieutenant ayant replicqué avec parolles aygres que cela estoyt faux, le dict sieur Maire luy donna un souffelet ce qui causa une grande rixe et des iniures attroces de part et d'aultre. Un procès-verbal fust dressé et envoyé à Son Altesse. Je signay celui de Monsieur le Maire et Monsieur le Lieutenant général m'ayant prié avec instance de signer le sien, je m'en excusay sur ma qualité d'advocat de la ville. Il y avoyt un ancien levin de querelle entre ces deux Messieurs et pique de longue main. Monsieur le Maire eust grande patience, à souffrir plusieurs parolles fascheuses. Il fust pourtant blasmé d'avoyr donné le souffelet qui fust sans retour à cause du grand nombre d'assistans.

Suitte de la rixe.

Le jeudy 29ᵉ juing en suivant, jour de l'eslection de Messieurs les Maire et Eschevins, Monsieur le Lieutenant général se trouva à l'assemblée pour faire prester le serment aux nouveaux esleus, qui furent Monsieur Heurtault le maire, de l'Espinasse et Gougnon, advocats du Roy, eschevins. Lesquels ayant presté le serment et la compagnie se levant pour se retirer le Lieutenant général en descendant du siége, se jeta sur le dos du sieur Durand par derrière et le frappa de trois coups d'une grosse clef qu'il avoyt à la main, dont il sortyt grande effusion de sang des blessures qu'il luy fist à la teste, au grand estonnement de toute l'assemblée qui porta ceste action avec grande impatience et blasma le dict Lieutenant général qui disoyt aultement : « Ce coquin au lieu où il m'a offensé, je me suis vangé, je suis sattisfaict. »

Je fus commis pour dresser le procès-verbal de ce qui y s'estoyt passé lequel fust signé de toute l'assemblée et envoyé à Son Altesse par un messager. Le dict sieur Durand et les anciens Eschevins souhétoyent fort que j'allasse à Paris vers Son Altesse pour luy déporter la nouvelle, mais je m'excusay sur une petite maladye que j'avoys, ne voullant d'ailleurs estre porteur d'une mauvaise nouvelle et que le dict sieur Durand ne m'avoyt pas trop bien faict durant son mairat. Ces coups furent donnés sans retour au grand regret du dict sieur Durand qui estoyt pis qu'enragé de ceste action que nul n'avoyt peu prévoir. Et pour plus grande affliction pour luy c'est que Son Altesse fist response à Messieurs les Maire et Eschevins que ceste action estoyt la suite d'une autre rixe particulière de laquelle il ne se vouloyt mesler, laissant le tout à ceulx qui avoyent intérest pour ne point suyvre la vangeance en justice, laquelle lettre fist que les dicts sieurs Maire et Eschevins ne se voulurent joindre en cause avec le dict sieur Durand ce qu'il porta avec très grand desplesir.

Mort du sieur Bourdaloue Du Clos.

Le lundy 28 aoust 1645, Henry Bourdaloue sieur Du Clos, mon cousin, s'estant battu en duel avec un nommé Ligonat de ceste ville au bout de la Chappe, a esté tué par le dict Ligonat d'un coup d'espée au-dessous de la mamelle gauche, lequel coup luy perçoyt le cœur. Il vescut six heures après le coup et mourust bien repentant de ses faultes. Il se pleignist que le dict Ligonat l'avoyt traicté laschement et dict qu'il avoyt pris querelle avec le dict Ligonat pour un souffelet qu'il avoyt donné à Mazelin, son oncle, duquel le dict Mazelin ne s'estoyt vangé. Le Prévost des marchands s'estant emparé du corps à cause de la rigueur des ordonnances sur les duels, Monsieur le Lieutenant criminel intervint qui le vouloyt avoir, ce qui donna grande peine aux parens, lesquels par amys, eurent le corps et le firent inhumer secrétement en la chapelle de Sainct-Claude, aux Jacobins, et par advis des parens, Paul Le Large, mon fils, s'est porté héritier sous bénéfice d'inventaire au reffus des légitimes héritiers.

Accomodement de la querelle de Messieurs de Biet et Durand.

EN octobre 1645, Monseigneur le Prince estant en ceste ville, au retour de Bourbon, accomoda Messieurs Biet et Durand en leur differend cy-dessus mentionné, les fist venir en sa présence et après les y avoir faict desclarer qu'ils se soumettoyent à son jugement, s'estre duement informé par escrit de ce qui s'estoyt passé entre eulx tant de la première que de la deuxiesme action, présens Messieurs les Maire et Eschevins, mandez expressement pour ce subiect, fist dire à Monsieur Durand qu'il avoyt tort de la première action et qu'il estoyt fasché de ce qui estoyt arrivé, prioyt Monsieur Biet de l'oublier; puis fist dire à Monsieur Biet qu'il recognoissait avoir grand tort de la deuxiesme action, se repentoyt de l'avoir faicte, en demandoyt pardon au dict sieur Durand, dont fust dressé acte et ordonné par Son Altesse que l'original demeureroyt entre les mains de son secrétaire duquel le dict sieur Biet retireroyt extraict pour le fournir au sieur Durand, ce qui fust faict au soulagement des deux partyes et particulièrement de Monsieur Biet auquel Son Altesse dict qu'il ne se pouvoyt parer de ceste affaire et que les auditeurs des comptes de la ville, au subiect desquels tous les differends arrivez, estoyent juges pour régler les contestations des dicts comptes.

ANNÉE 1646

Prise de la ville de Dunquerque. — Reiouissances à ceste occasion.

LE 17 octobre 1646 nous avons eu nouvelle en ceste ville de la prise de la ville de Dunquerkque célèbre pour son port de mer et aprehendé accause des pirates et escumeurs de mer qui avoyent retraicte et asil dedans, à l'oppression et ruyne de tous les vesseaux marchans. Cette prise est aultant prompte qu'admirable, pour la forteresse et situation du lieu puissant par la mer, par les fortifications et par les gens de guerre qui estoyent dedans. Ceste place fust investye par Monseigneur le duc d'Enguien le 19 novembre et tellement poursuivye et si bien battue que les assiégez furent contraincts de parler de capitulation le 7 octobre et accordé entre aultre chose qu'en cas que la place ne fust secourue par terre d'une armée d'Espagne qui fist retirer les nostres dans le mercredy 10 du moys d'octobre on debvoit remestre à six heures du soir le port du costé de Nieuport à Son Altesse d'Enguien dont il en doit estre le maître et le lendemain la garnison debvoit sortir de la ville, ce qui fust exécuté d'aultant que l'armée des Espagnols n'osa s'advancer effrayée par la présence de Son Altesse le duc d'Enguien duquel il ont tousiours esté très mal traictez.

Ce Prince sy vaillant et sy généreux s'est acquis une sy grande réputation par sa valleur et par sa bonne conduite tant avec les Espagnols Impérialistes qu'avec les aultres, qu'il est aultant aprehendé d'eulx qu'il est aymé des Françoys qui lui debvoient des obligations sy grandes qu'ils ne le sauroyent assez tesmoigner. A Paris et par toutes les bonnes villes de France, il fust chanté des *Te Deum* de remercîments envers Dieu de tant de faveurs et faict des feus de ioye et réiouissances publicques qui ne se pouvoyent exprimer.

Et en ceste ville qui a des obligations particulières tant à Monseigneur le duc d'Enguien qu'à Monseigneur le prince de Condé son père pour les bonnes assistances et grandes faveurs qu'il lui a rendües, l'on a faict chanter en l'esglise cathedralle un *Te Deum* le dimanche 18 octobre; auquel tout le clergé a assisté de grande affluance, Monseigneur l'Archevesque vestu pontificallement assisté de tous les archidiacres y fist la ceremonye et tous Messieurs de l'Esglise furent à la procession chappez ce qui est extraordinaire, mais accause de la merveille de la cause, il falloyt qu'il y eust de l'extraordinaire. Messieurs de la Justice conduicts par Monsieur Barrin intendant y assistoyent en grand nombre et Messieurs de la Ville d'aultre part, et le *Te Deum* finy Monsieur l'Intendant avec Messieurs de la Ville à la teste des compagnies de soldats habitans qui estoyent plus de 2,000 armez se transportèrent sur le boulevard de la Porte de Bourbonnou où le feu de ioye estoyt préparé avec feu d'artifice et grand nombre de fusées; après avoir faict le tour et les dictes compagnies faict leur monstre ils se transportèrent au feu auquel ledict sieur Intendant et Monsieur Heurtault maire mirent le feu avec chascun un flambeau et en mesme instant, quoy faict les dicts soldats firent leur salve qui fust merveilleusement bien, après laquelle tirèrent 20 pièces de canon de la ville auxquels la Tour respondit avec grand esclat. Quoy faict, les compagnies se retirèrent et Messieurs de la Ville furent soupper au logis de Monsieur le Maire où l'on ne s'espargna pas de boire à la santé de Son Altesse d'Enguien.

Et le lundy 29, en continuant les tesmoignaiges de réiouissance, les jeunes hommes de la ville conduicts par Messieurs Agard cappitaine en chef, de l'Espinasse lieutenant et Beraud Fontbont cornette, qui portoyt une cornette de taffetas blanc où d'un costé estoyent peintes les armes de Son Altesse d'Enguien et de l'aultre un bras armé sortant d'une nüe qui tient une carte avec ces mots escripts : *Cui omnia cedunt*, montèrent à cheval sur des chevaulx caparassonnez et parez d'un nombre infiny de rubans isabelles et rouge qui sont les couleurs du Prince se promenoyent par la ville, furent aux endroicts les plus célèbres et tirèrent des coups de pistollet, dont ils estoyent armez, ung nombre infiny de coups, se transportèrent au collége des RR. PP. Jésuittes où ils firent *caracol* dans la cour avec la fanfare des trompettes et firent donner congé aux escholliers.

Et la mesme compagnie ayant eu advis que les religieux bénédictins de Sainct-Sulpice avoyent faict un feu de ioye pour participer aux allaygresses publicques, elle se transporta au dict lieu de Sainct-Sulpice où elle fust fort bien resceue et fist *caracol* autour du feu avec une salve de plus de 1,000 coups de pistollet et pendant que ce feu brusloyt les dicts RR. PP. Bénédictins firent prendre la collation aux cavalliers laquelle fust fort belle; tout y estoyt en abondance. La compagnie retirée *donna les viollons aux dames* au logis de Monsieur Bigot prévost provincial, où fust pris résolution pour le lendemain.

Auquel jour de lendemain mardy jour du dict moys tous les cavalliers du jour précédent se trouvèrent au logis du sieur Agard cappitaine qui les attendoyt bien préparé de bouteilles, pastez et jambons, lesquels estant tous assemblez et armez de chascun leur espée et d'un pistollet à la main au son des trompettes et des viollons; Monsieur le Maire marchant en teste, les capitaines après et le cornette au millieu de la compagnie portant sa dicte cornette se transportèrent en l'esglise des Carmes marchant deux à deux en bon ordre et entrant dans l'esglise, la salluèrent de chascun un coup de pistollet et entrèrent dans le cœur où il y avoyt grand nombre de peuple et particulièrement des dames et damoiselles. Il se chanta une messe solennelle en musique, laquelle musique avoyt esté appellée et donnée par Monsieur le prieur Chabenat, chanoyne des esglises de Sainct-Estienne, de la Saincte-Chapelle; l'esvangille de la messe se disant tous les cavalliers mirent l'espée nüe à la main tesmoignant le zèle qu'ils avoyent pour le maintien et desfense de l'esvangille et à l'offerte à laquelle fust présenté un pain bénist par Monsieur Claude Sarrazin, tous les cavalliers y furent et Monsieur le Maire commença, après avoir envoyé demander à Monsieur l'Intendant s'il y vouloyt aller lequel refusa, ce que l'on trouva estrange. Lesquels cavalliers après avoir bésé la paix (sic) chascun tiroyt son coup de pistollet ce qui réussit fort bien et sans désordre, puis le pain bénist fust distribué particulièrement aux dames et damoiselles qui estoyent en si grand nombre que pour les préférer, les cavalliers n'eurent point de pain bénist.

La messe finye, le sieur de Fontbon alla à l'autel présenter son guidon, lequel fust resceu par le prestre qui avoyt dict la messe, qui estoyt le P. Berthet, prieur des Carmes et iceluy guidon fust arboré proche l'autel du costé du couvent et chascun des cavalliers se retirant en bon ordre fust tirer le coup de pistollet au dict guidon.

Quoy faict l'on sortit de l'esglise en mesme rang et ordre que l'on y estoyt entré tambours battans et trompettes sonans et viollons jouans et passant dans la rüe Paradis, de là on monsta par la rüe des Prisons en la place de Sainct-Pierre où il y avoyt de grandes tables dressées et six pièces de petit canon bracquées. L'on se mist à table au son des viollons et le festin apporté en pompe par des officiers du lieu d'où il avoyt esté commandé, fust servy et mangé par toute la compagnie au son des dicts viollons et trompettes et bruict des canons; assistans la plus grande partie des habitans auxquels le vin n'estoyt point refusé; l'on bust à la santé du Roy avec cérémonye et solemnité, les canons tirans et chascun cavallier vuidant le verre deschargeoyt son pistollet; Monseigneur le Prince et Son Altesse d'Enguien ny furent point oubliez. Monsieur l'Intendant fust pryé d'assister au festin ce qu'il ne voulust accorder. Dans le millieu du festin survint un soldat espagnol, lequel on fist aprocher et boire à la santé du Roy ce que fist de bon cœur et mangea de grand apetit.

Dans le temps de ces réiouissances quelques habitans s'armèrent qui vindrent faire la salve au festin public, lesquels furent fort bien resceus et le festin parachevé, il fallut danser puis au son des mesmes viollons et trompettes l'on fist un tour de ville en ordre comme le jour précédent sauf que les cavalliers estoyent à pied et furent rendre le debvoir aux logis des cappitaines et en tous ces jours il fust tant consumé de pouldre que l'on fust contrainct de finir les réiouissances faulte d'avoir de quoy les faire entendre et tesmoigner. J'estoys de la compagnie, j'en ay usé de ma part plus de 4 livres à tirer mes pistollets.

La réiouissance fust terminée par un bal général faict en faveur des dames en l'hostel de ville où toute la ville estoyt assemblée. La collation ne fust pas oubliée et les canons de nouveau tirez.

Et le mercredy 14 du moys de novembre, Monsieur Barrin intendant de la justice qui n'avoyt rien faict en son particulier pour honorer la cérémonye et réiouissance publicque donna au peuple un feu d'artifice qui renouvella les allaygresses passées et inspira de nouveaux mouvements de ioye au peuple qui se transporta au boulevart de Bourbonnou avec une sy grande foule et affluance et de tous les costés de la ville qu'il fust presque impossible d'aprocher du théâtre où l'artifice estoyt préparé pour y mettre le feu. Et comme le jour avoyt esté fort serain il fust suivy d'une aussy belle nuit qui donna lieu à l'artifice de vomir toutes ses fouldres sans confusion et aux spectateurs de les veoir et considérer avec admiration. Ce feu fust accompagné de cent coups de canon tant de l'artillerie de la ville que de la Tour par lesquels les oreilles de tous les assistans, dames et damoiselles avoyent esté tellement estonnées et les yeux sy fort esblouys qu'à peine ils purent se mettre le lendemain en estat pour la grande collation préparée et donnée par Monsieur l'Intendant dans sa maison et entendre les viollons du bal qui fust faict ensuitte et donné par Monsieur l'Intendant lequel estoyt beaucoup plus beau que la collation n'estoyt grande, la quantité du monde convié estant considérable. L'on se mocqua de ceste collation. Il y avoyt grand monde et tous les premiers et principaux de la ville furent mal pansez.

Mort de Monseigneur le prince de Condé.
(Père du grand Condé.)

LE lundy dernier descembre 1646, avons appris avec un regret incroyable non-seullement de tous les habitans de la ville de

Bourges, mais génerallement de toute la France, la mort de Monseigneur Henry de Bourbon prince de Condé, goubverneur de ce païs et duché de Berry arrivée en son pallais à Paris le mercredy 26 descembre au dict an, à huict heures du soir, après une maladye de huict jours; sa mort a esté causée par troys pierres qui luy ont esté trouvées dans la vessie et le mal que luy ont apporté une retention d'urine et une fièvre qui l'a emporté. Nous n'attendons de ceste mort que tous malheurs desquels la ville avoyt esté préservée dans le cours *d'un si fascheux siècle,* par sa protection plus que paternelle; Nostre-Dame nous en préservera sy luy plaist et donnera à Monseigneur le duc d'Enguien son fils les pareils sentiments d'amour et d'affection qu'il avoyt pour nous. Dieu luy en face la grâce.

ANNÉE 1647

Cérémonye des PP. Jésuittes sur la mort de Monseigneur le Prince.

ET le jeudy XXIII mars 1647 les RR. PP. Jésuittes firent la closture de toutes les pompes funèbres par un appareil merveilleusement beau qui estoyt dans leur esglise toute tandüe de deuil avec armes et chiffres du deffunct en grand nombre, accompagnées de plusieurs devises et amblesmes curieuses et fort recherchées, auquel jour fust prononcé en latin une harangue funèbre par le P. Lasme maistre de la rethorique qui se fist admiré et tous les Pères entrèrent dans l'esglise avec chacun un surplis icelle finye et cierge flambant en main et dirent les vigilles des morts, lesquelles finyes chascun se retira de tous les Corps qui y estoyent assemblez.

Et le lendemain fust chantée une messe en

musique avec grande pompe et affluance de peuple oultre le corps d'officiers.

Les prières furent suivyes des explications des enigmes et affiches des classes qui estoyent toutes faictes et représentées en l honneur du Prince deffunct et entre toutes les belles choses parust un tombeau artistement faict pour l'ornement du quel il y avoyt Apollon et les neuf Muses avec tous les amours en deuil qui les accompagnoyent pour pleurer la mort du père des Muses avec quantité de belles et riches descriptions. A quoy succéda une belle et grande tragédie fort bien resceue de tous les assistans qui fust seulement troublée par une grande sedition qui arriva par ceulx qui ne peurent entrer, dont les PP. Jésuittes ayant faict plaincte en justice en eurent peu de sattisfaction et moy qui estoys avec Messieurs de la Ville pour appaiser la sedition peu recogneu et mal traicté par quelques particuliers avec peu de raison.

ANNÉE 1648

Révocation des Intendans de France.

Le jeudy 16° juillet 1648, Monsieur Barrin, intendant, est party de ceste ville avec toute sa famille sur la révocation qui a esté faicte de tous les intendans de France par l'ordre de Messieurs du Parlement qui se sont remuez pour le bien du peuple et ont faict changer Monsieur le surintendant d'Hémetz et renvoyé en sa maison de Tanslé, en Bourgogne, au lieu duquel l'on a mis Monsieur de La Milleraye et pour coadiuteurs Messieurs de Morangy, Barillon et d'Aligre, despuis lequel changement le Parlement a continué à travailler à la *réformation de l'Estat quelques deffenses que le Roy mineur aye peu faire de s'assembler ce qui a acquis au Parlement une forte amytié du peuple.*

*Esmotion populaire et journée des barricades
à Paris.*

Le 27ᵉ aoust 1648 le *Te Deum* de la bataille de Lens se chanta en l'esglise de Nostre-Dame de Paris, où assistèrent le Roy, la Royne et toute la Cour. La Royne et le Conseil présumant que le gain de ceste bataille les mettoyt au-dessus de toutes leurs prétentions et voulant abbattre l'aucthorité que prenoyt le Parlement, ordonnèrent de faire prisoniers les plus résolus du Parlement et commencèrent au sortir du *Te Deum* à faire enlever Monsieur Barillon, président, et Monsieur de Bruxelle, ancien conseiller de la grande chambre, ce qui esmut le peuple de Paris d'une telle façon que l'esmeutte s'eschauffant le dict jour mercredy il se fist une grande sedition populaire, ce qui obligea les principaux de Paris à se remuer et le lendemain jeudy tous les quartiers furent assemblez et mis soubs les armes, les chesnes des rües tendues et barricades faictes, les rües dépavées, en sorte que la Royne et le Conseil furent fort estonnez.

Le Parlement s'asembla sur ce subiect, delibéra d'aller faire remonstrance à la Royne du mal éminent et luy demander les prisonniers. Ils furent mal resceus et refusez après une conferance et instances de cinq heures. Et estants contraincts de sortir sans rien faire, arrivez qu'ils feurent à la Croix du Trahoir, le corps de garde d'habitans qui y estoyt voyant qu'ils ne ramenoyent pas les prisonniers et qu'ils n'avoyent point parolles de les ravoir, les obligea de retourner ce qu'ils feurent contraincts de faire après beaucoup d'invectives faictes à la personne de Monsieur Malé, premier président, qui estoyt fort mal voulu du peuple et en mauvaise odeur auprès de ses confrères.

Retournez qu'ils feurent au pallais royal, ils eurent peyne à avoir audiance royalle. Obtenüe, Monsieur le président de Nosme remonstra l'importance de ceste affaire, l'animosité du peuple et la confusion en laquelle l'on alloyt voir tout Paris faulte de rendre ces prisonniers. Monsieur Seguier, chancellier de France et de La Milleraye, surintendant, détournoyent la Royne de ceste délivrance et voulans aller par la ville Monsieur le Chancellier fut investy par le peuple, eust grand'peine à se sauver dans l'hostel de Luyne où il fust poursuivy et retiré de leurs mains par le dict sieur Surintendant qui resceut plusieurs coups de pavés et ceulx de sa suitte, qui n'empescha pourtant pas que le dict hostel ne fust pillé jusques à la valleur de 300,000 livres, ce que voyant la Royne elle fust contraincte de rendre les prisonniers qui furent ramenez à Paris solemnellement dans un carosse du Roy et le peuple cryoit : « Vive le Roy, le Parlement et Monsieur de Bruxelle », et conduisirent les prisonniers à Nostre-Dame où il fust tiré un nombre infiny de mousquetades en signe de ioye et incontinent la sedition fust appaisée et dès lors le Parlement en grand crédit qui ne pensoyt pas avoir un appuy sy puissant ny Messieurs les Chancellier et Surintendant la haine sy forte du peuple. Le Parlement travaille ensuitte à la réformation de l'Estat et ont grande et longue conferance avec Messieurs les Princes à Sainct-Germain-en-Laye où le Roy fust emmené subrepticement par la Royne et le Cardinal, ce qui causa nouvelle esmotion à Paris qui fust appaisée par les Princes qui demandèrent les dictes conferances dont la conclusion fust suyvie d'une ample déclaration du Roy pour le bien et soulagement de ses peuples dont le Parlement a acquis grand honneur ; la dicte desclaration publiée le 24 octobre suyvant, au grand soulagement du peuple, et le Roy retourné à Paris, menacé toutes foys par les plus prudens politics d'estre puny de ses entreprises.

Chute de la tour de Sainct-Estienne, cathedralle de Bourges.

Le 30 octobre 1648, montant à la tour de Sainct-Estienne, auprès de la porte par laquelle on va dans le lieu où sont suspendues les cloches, trois ou quatre marches au-dessus, dans une clef de l'escalier, j'ay leu ces vers :

> En l'an mil cinq cent et six,
> De descembre le dernier jour,
> Par un fondement mal assis
> De Sainct-Estienne tomba la tour.

Et à costé est escript : « Le 3 juillet, la présente pierre a esté posée et la tour *réaussée*. »

ANNÉE 1649

Siége mis devant la ville de Paris.

EN suitte de la desclaration du Roy du moys d'octobre 1648, le Parlement croyant avoir bien estably les affaires, il arriva que le Roy et son Conseil ne sachant où prendre argent pour la nécessité des affaires et estant réduict à ce poinct que la table du Roy fust renversée durant quelques jours, ce qui arriva moy estant à Paris au moys d'octobre 1648, mirent de nouveau les tailles en party par bail faict aux traictans qui demandèrent que leur bail fust resceu et approuvé par les Cours souveraines, lequel présenté aux dictes Cours fust par le commandement du Roy homologué avec quelques modifications par la Cour des Aydes et Chambre des Comptes, mais estant présenté au Parlement il fust absolument refusé comme une affaire directement contraire à l'intention de la dicte desclaration.

Sur ce reffus le Parlement recommença à

s'assembler ; Monsieur le duc d'Orléans, Son Altesse de Condé et les autres Princes se transportèrent à plusieurs et diverses foys au Pallais où ils ne purent rien obtenir dont Son Altesse de Condé estant fort mal sattisfaict tant pour quelques mespris à lui prétendus faicts par la Cour, que pour l'obstination de laquelle elle estoyt de resister aux ordres du Conseil prirent résolution de sortir le Roy hors de Paris, ce qui fust exécuté la nuit du cinq au six janvier 1649 et fust conduict à Sainct-Germain.

Ce qu'estant venu à la cognoissance de la Cour, elle ordonna que Messieurs les Gens du Roy se transporteroyent à Sainct-Germain pour faire les humbles remonstrances au Roy et à la Royne régente et les asseurer de leurs soubmissions et obéissance, où estant arivez ils furent rebutez et leur dit-on qu'ils estoyent criminels de lèze-maiesté et que leur ville estoyt blocquée. Ce qu'ayant rapporté au Parlement la Cour mist ordre et pourveut à sa deffense et de toute la ville par plusieurs arrests qu'il seroyt trop long d'inscrire et que j'ay dans mes livres. Elle desclara le cardinal Mazarin que l'on tenoyt autheur de ce désordre, perturbateur du repos public et permit à toutes personnes de luy courir sus, mist grands ordres pour les vivres qui estoyent dans la ville et dans ce tems arriva une crüeue d'eau sy extraordinaire que les passages qui estoyent bloqués du costé de Charanton par Son Altesse de Condé furent faicts libres ce qui apporta grande affluance de vivres à Paris et qui leur fist grand bien ce qui a continué tout ce moys de janvier et jusques au 5 febvrier que j'escrips au grand regret et desplesir de tout le monde (cette crüeue, soit dit en passant fust universelle et sy grande en nostre ville de Bourges que si l'on n'eust chargé les ponts elle les eust enlevés). Messieurs du Parlement eurent pour chef de leur party, Monsieur le Prince de Conty, frère de Son Altesse de Condé; Monsieur de Longueville, son beau-frère; Monsieur d'Elbeuf, prince de Loraine; Monsieur de Beaufort, prince de Vendosme et plusieurs aultres grands du royaulme.

Lèvement du siége de Paris.

CESTE guerre dura jusques au deux april 1649 après beaucoup de maux soufferts de part et d'aultre, il fust faict des conferances qui appoinctèrent l'affaire à Paris remis en respos avec asseurance d'une paix généralle. Son Altesse de Condé tesmoigna beaucoup aymer la ville de Bourges, lui envoyant à toutes occasions des courriers pour l'informer ce ce qui se passoyt, la ville ayant fait sa protestation de fidélité au Roy et à Son Altesse.

Ceste guerre attiroyt à soy la révolte de toutes les villes ce qui obligea le Roy et son Conseil à pacifier suyvant la desclaration advantageuse par luy rendue du moys de mars 1649 et vérifiée au Parlement le deux april.

Comparution pour les Estats généraulx.

LE lundy 1ᵉʳ mars 1649, sur les assignations données aux trois estats de Berry pour la convocation des Estats généraulx au 15 mars convocquez par le Roy en la ville d'Orléans assemblez en comparution généralle, fust faict en la grande salle du Pallais ornée et préparée à cet effect, reunion qui fust tenüe par Monsieur Biet, lieutenant général, assisté de

Messieurs les Gens du Roy; Messieurs les Conseillers du Présidial prétendant y assister, Monsieur Biet sy opposa et se contentèrent de faire des protestations. La comparution faicte il y eust ordre que chascun des estats s'assembleroyt de particulier pour eslire des desputez. Le clergé s'assembla en la salle du Pallais archiepiscopal, qui desputèrent Monseigneur l'illustrissime Archevesque, Monsieur l'abbé doyen de l'Esglise, esleus par Monseigneur le Prince et encores Monsieur de Sainct-Oust, abbé; la noblesse qui estoyt en conteste de sçavoir qui colligeroyt les voyes d'entre eulx et particulièrement Monsieur de Sainct-Oust, commissaire de Chasteaumeillant ou Monsieur de Valançoy feurent reiglez en sorte que Monsieur le Lieutenant général assista pour présider et rescevoir les voyes ce qui fust faict avec grande confusion et esleus les dicts sieurs de Sainct-Oust et de Valançoy suyvant l'ordre de Son Altesse. Le Tiers Estat fist son assemblée en l'hostel de ville où furent desputez suyvant l'intention de Son Altesse : Monsieur Biet, lieutenant général, et Mercier, maire, et par augmentation Messieurs Dorsainne, lieutenant général à Yssouldun, et Bourdaloue lieutenant général à Vierzon.

Despuis les dicts estats ont esté remis au moys d'octobre par lettre du Roy.

Mort du Roy d'Angleterre. (Charles Ier.)

SERA icy remarqué que vers les premiers jours de mars nous avons eu nouvelle en ceste ville que le peuple anglois ayant faict leur Roy prisonnier après une longue guerre et seulement de tout son royaulme contre luy qui obligea la Royne sa femme de venir se retirer en France avec ses enfans où elle est encores à présent assez mal entretenüe aux despens du Roy et l'ont faict mourir sur un échafault à Londres par arrest du Parlement du dict lieu : cruaulté et barbarie la plus grande qui aye jamais esté comise dans tous les siècles passez et qui mérite le chastiment de Dieu et la hayne des hommes et qui demande et attire à soy la vangeance de tous les roys et souverains. Il laisse le prince de Gasle son fils qui en doit estre le ministre s'il a du cœur.

Ce mesme prince de Gasle en l'an 1651 ayant voulu poursuivre l'outrage faict à son père fust vaincu en bataille rangée par les parlementaires et reduict à se sauver en France travesty après avoir couru mil hazards de perdre la vie. Il arriva à Paris au moys d'octobre 1651.

Mort de Monseigneur d'Hardyvilliers, archevesque de Bourges, aagé de 72 ans.

Le dimanche dixiesme octobre 1649 entre deux et trois heures du matin est décédé Monsieur Pierre d'Hardyvilliers archevesque de Bourges en son pallais archiepiscopal dudict Bourges. Il y avoyt assez de temps qu'il estoyt malade, mais l'on attendoyt rien moyns que sa fin lorsqu'il est mort. Il avoyt disposé du lieu de sa sépulture à l'entrée du porche de la principalle porte de Sainct-Estienne; mais Messieurs de l'Esglise ne l'ont pas voullu pour quelques raisons particulières et a esté enterré sous le grand orgue, mis dans un cercueil de plomb revestu de ses habits pontificaux qui estoyent de damas viollet avec son aisneau et mître à costé de luy, sa croix et crosse de boys.

Messieurs de la Justice et Messieurs de la Ville ayant esté conviez ont assisté au convoy avec les torches de la ville et sera notté que le jour de son descèz ils furent en corps luy jetter de l'eau béniste en son lit de parade revestu pontificallement où il fust tout le dimanche et lundy jusques à quatre heures que le convoy fust faict avec grandes cérémonyes et affluance de peuple qui lui faisoyent toucher leurs chappolets.

Messieurs les Officiers de la Primatie et Officialité en corps avec les advocat et procureur de leur siège, prétendirent marcher immédiatement après le corps, puis les parens et après eulx Messieurs de la Justice et de la Ville, ce qu'ayant esté proposé par les dicts parens qui estoyent un frère et le neveu du deffunct, la proposition fust reiettée et délibéré que les dicts officiers marcheroyent au millieu ce qu'ils accordèrent. puis vinrent incidenter pour avoir l'aspergès alternativement avec Messieurs de la Justice et de la Ville ce qui leur fust refusé et dont ils se formalisèrent et se retirèrent sans assister au convoy.

Il y eust si grande presse, que l'on ne pust donner l'eau béniste avec ordre et chascun se retira au départ de l'eglise, sans retourner à l'Archevesché.

7.

Installation de Messire Proust docteur et restablissement du festin suprimé par l'Université.

Le mardy XVI d'octobre 1649 Messire Proust docteur a esté installé par trois docteurs en droict civil et canon aux escholles de ceste Université où toutes les cérémonyes ont esté gardées et frais faicts aux despens de la ville. Ce mesme jour il fist festin en l'hostel de ville faulte d'aultre maison qui fust le premier faict par docteur despuis qu'il avoyt esté commué en argent et d'aultant que l'Université avoyt agrégé le Père Prieur des Carmes de la Faculté de Théologie sans en donner advis à Messieurs de la Ville et sans faire le festin. L'on ne donna pas aux dicts sieurs de l'Université leur distribution manuelle qui leur revenoyt à cause de la dicte installation et fust la dicte distribution remise jusques au jour du festin du dict carme.

ANNÉE 1650

Arrestations de Messieurs les Princes de Condé et Conty et comte de Longueville.

LE sabmedy 22ᵉ janvier 1650, nous avons eu nouvelle en ceste ville que Monseigneur le Prince de Condé, nostre goubverneur, Messeigneurs le Prince de Conty son frère et de Longueville son beau-frère avoyent esté pris et arrestez prisoniers au Pallais Royal le mardy 18ᵉ janvier entre 6 et 7 heures du soir où l'on leur avoyt donné advis de se trouver sous prétexte d'un conseil particulier assemblé à ce jour pour affaires importantes, où estant arrivez tous troys et ayant salué la Royne regente qui estoyt sur son lict feignant d'estre malade, les resceut humènement et prya de se retirer dans une gaslerie où se tenoyt le conseil dans laquelle ils feurent suyvis par le sieur de Guittault cappitaine des gardes du corps de la Royne et

Cominges cappitaine d'une compagnie des gardes du Roy lequel Guittault dict à Son Altesse Monseigneur : « J'ai ordre de la part du Roy de vous arrester » à quoy il respondit : « Moy, moy, vous vous mesprenez » et parlant à Messieurs ses frère et beau-frère leur dit : « Messieurs, ceste parolle s'adresse à vous comme à moy » à quoy repliqua le dict Guittault : « Ouy Monseigneur j'ay ordre de les arrester comme vous ; marchez par ceste porte » et Monsieur le Prince voulant sortir par une aultre porte il en fust empesché par des gardes apposés. Il demanda à parler à la Royne et au cardinal Mazarin ce qui lui fust refusé et le sieur de Cominges y estant allé de leur part rapporta que la Royne estoyt malade et qu'il falloyt marcher, à deffault de quoy le dict sieur de Guittault sçavoit ses ordres

Il furent conduicts tous troys dans une petite gaslerie du Pallais Royal qui descend dans le jardin et le traversèrent jusques à une fausse porte qu'ils trouvèrent ouverte et un carrosse à six chevaulx qui les attendoyt ou estant montés le cocher monta hastivement et à un coing de rüe le carrosse estant renversé Monsieur le Prince estant sorty d'iceluy fust arresté par le dict Cominges auquel il dict : « Amy n'y a-t-il pas de quartier ; » qui réplicqua : « Monseigneur je suis serviteur du Roy, je craignoys que fussiez blessé » et remonta dans le carrosse, touchèrent du costé du boys de Vincennes escortez de trois ou quatre cents chevaulx qui les attendoyent par escadrons posés en divers endroicts où estant arrivez, ils feurent bien serrez et gardez avec soing.

Sur quoy fust publiée une desclaration du Roy portant les motifs de leur emprisonnement qui contenoyent en somme que Monseigneur le Prince se faisoyt sy grand sy grand et sy puissant que le Roy avoyt lieu et subiect craindre et apréhender l'yssue de ses entreprises et de faict se firent ensuite plusieurs esmotions et levées de gens de guerre pour leur subiect et à leur libération qui feurent dissipez par la présence du Roy qui se transporta en Normandie et Bourgogne en laquelle le chasteau de Bellegarde appartenant en propre à Son Altesse desclaré contre le Roy fust assiégé

Monseigneur le comte de Sainct-Aignan faict goubverneur du Berry.

CET emprisonnement faict que l'on attribuoyt au cardinal Mazarin qui avoyt resceu tant d'assistance des Princes, il fust pourveu au goubvernement des provinces et en celle de Berry fust envoyé Monseigneur Messire François de Beauvilliers, conseiller du Roy en ses conseils, mareschal de camp en ses armées, premier gentilhomme de la Chambre, comte de Saint-Aignan (le père duquel l'avoyt esté aultre foys du temps de l'arrestation de Monseigneur le Prince, père du prisonnier) et entra en ceste ville le dict sieur Comte en ceste qualité de goubverneur le mardy xv febvrier 1650 où il fust resceu favorablement par les habitans comme vrays serviteurs du Roy quoy qu'ils eussent grand desplesir au cœur de la prison de Son Altesse à qui la ville avoyt tant d'obligation.

Les principaux officiers de Son Altesse qui estoyent en ceste ville murmuroyent beaucoup et se portoyent à dire quelques parolles d'intolérance à Monsieur le comte dont il fust mal satisfaict et les interdist de le veoir.

Monseigneur le Comte estant arrivé, il voulust venir le lendemain 16 febvrier à l'hostel de ville où on luy fist quelque difficulté accause que ses lettres n'estoyent pas enregistrées, ce qu'il fallut faire faire ce matin 16 à jour extraordinaire et j'estoys commis comme son advocat pour les présentes et accause de la précipitation il fust dict que d'abondans elles seroyent leües vendredy suyvant à l'audiance où je fis un discours en la louange de Monsieur le Comte, qui fust bien resceu.

Siège de la Tour de Bourges.

ET le dict jour XVI febvrier 1650, il vint (Monsieur de Sainct-Aignan) en l'hostel de ville, assisté de plus de deux cents gentilshommes, monta au siège et fist entendre à toute l'assemblée qui avoyt esté convocquée, le subiect de sa venue en l'hostel de ville qui estoyt pour demander assistance aux habitans pour assiéger la Grosse Tour qui refusoyt d'obéïr, ce que l'on luy accorda ayant préalablement sommé le sieur Grasset cappitaine de se rendre, à quoy fust desputé le sieur de Lespinasse advocat du Roy son amy lequel il refusa ce qu'ayant esté rapporté à l'assemblée, il fust conclu que les habitans prendroyent les armes, et fust battu un ban à ce subiect de se trouver à sept heures du soir devant le logis de Monsieur le Comte qui estoyt au logis de Monsieur Deroulin, prieur de Sainct-Ursin, ce qui fust exécuté et l'assemblée faicte se transporta devant la Tour sur les huict heures du soir et à neuf fust rendüe après deux coups de canon. Les mieux sensés disoyent que la composition estoyt faicte auparavant l'aproche, *quod verum*. Pour avoir assisté à la capitulation qui fust faicte par Monsieur Deroulin bon amy du dict sieur Grasset qui sortit le lendemain avec la garnison estant à costé du cappitaine des gardes de Monsieur le Comte, la garnison après composée de dix soldats, Monsieur le Comte derrière en chaise accompagné de deux cents chevaulx qui le laissa à la grande rüe de Bourbonnou et fust conduict par le dict capitaine des gardes avec ses compagnons hors la ville de Sainct-Privé et fust mis en sa place le sieur de Matflon escuier.

Monsieur le Comte congédia le lendemain toute sa noblesse et fist payer leurs despens dans les hostelleries, fist meubler le logis du Roy où il alla faire sa demeure et estant estably passa le carnaval en bals et ballets et en courses de bagues, visité de toute la noblesse de la province.

Desputation de Messieurs de Biet et Petit au Roy.

JE n'oubliroy pas que la ville fust quelques jours sans recevoir ny ordre ny nouvelles du Roy et Monsieur Biet, maire ayant resceu une lettre de Monseigneur de Guénegault-Duplessis, secrétaire d'Estat avec la desclaration du Roy, portant les motifs de l'arrest des Princes et comme ceux de Rouhan avoyent desputé au Roy pour eulx confirmer leurs obéissances, Il fust trouvé à propos de convocquer l'assemblée qui délibéra desputer à leurs Maiestés et feurent nommez Messieurs Biet maire et Petit eschevin qui partirent le VIII febvrier et estant arrivez à Paris trouvèrent que le Roy estoyt à Rouhan où ils se transportèrent et firent leur soubmission et bien resceus se rendirent à Bourges le XXVIII febvrier où ils trouvèrent Monsieur le Comte qui les resceut avec aplaudissement.

Promotion de Monseigneur de Chasteauneuf comme garde des sceaux de France.

Le 3ᵉ jour de mars le Roy estant de retour de Rouhan (Rouen) osta les sceaux de France à Monsieur le chancellier Seguier qui eust ordre de se retirer en une de ses maisons hors Paris et Monseigneur de Chasteauneuf fust restably en sa première dignité dont il avoyt esté osté dès 1632 et le dict sieur Seguier mis en son lieu, ainsy les choses changent et despuis le dict sieur Seguier restably au moys de mars 1651 et osté au moys de septembre de suyvant, puis restably en sa dignité de chancellier en laquelle il est demeuré jusqu'à sa mort arrivée en 1672.

Arrivée de Madame la Princesse de Condé (femme du grand Condé) à Momron (Sainct-Amand, Cher).

Sur la fin de la sepmaine saincte l'on a advis que Madame la Princesse la jeune avec Monsieur son fils, le duc d'Enguien, (elle ayant esté refusée d'entrer en prison avec Monsieur son mary), s'estoyt rendüe à Monron où il y avoyt bon nombre de trouppes assemblées sous la conduitte de Monsieur de Persan dont le Roy fust informé par Monsieur le Goubverneur et les Corps de la Ville l'allèrent complimenter dont Monsieur le Goubverneur se formalisa y ayant esté sans son ordre. Cependant il resçoit nouvelles de la Cour de veoir Madame la Princesse à Monron de la traicter comme une personne de son mérite et luy rendre l'ordre du Roy qui portoyt qu'elle auroyt son secours en ce lieu d'où elle ne partiroyt point sans nouveaux ordres.

Monsieur le Goubverneur luy faict savoir les ordres qu'il avoyt à luy rendre et demander s'il seroyt le bien venu. Elle ne veult le veoir et les ordres luy sont portez par le sieur de Saubrunys gentilhomme. Cependant l'on aprend que de jour à aultre les trouppes se grossissent à Monron et l'on reçoyt la nouvelle de la prise du chasteau de Bellegarde qui tenoyt en Bourgogne pour les Princes, où le Roy fust contrainct d'aller en personne.

Le mardy 10 mai 1650 en suyvant Monsieur le Goubverneur a advis que Madame la Princesse avec Monsieur son fils estoyent partys de

Monron le dimanche 8 et tiré du costé de Bourdeaux où elle estoyt attendūe par Monsieur de Bouillon.

Establissement des gardes bourgeoises.

CEST esloignement met la ville et la province en esmeute l'on délibère de faire bonne et seure garde, ce qui fust commencé le seize du dict moy de may à quoy chascun des habitans se porta avec grande affection tant pour son intérest particulier que pour obvier au mal qui pouvoyt arriver et pour plus grande asseurance des portes et obvier à toutes intelligences Monsieur le Goubverneur ordonna que chascun jour les cappitaines tireroyent au billet pour la porte qu'il debvoit garder et pour cest effect toutes les escouades se rendoyent à sept heures du soir sur la place de Sainct-Pierre où les dicts billets se tiroyent au sort, presens Messieurs le Maire et Eschevins.

Désordres des trouppes dans la Province.

Dans le courant de ce moys de may, plusieurs trouppes s'advancèrent dans la province sous prétexte de la conserver qui la ruynoient. Monsieur le Goubverneur faict un régiment d'infanterie sous son nom composé de xxx compagnies qui sera distribué dans la province au grand préiudice de toutes les parroisses par les vols et pilleries ordinaires qu'ils commettent dont la ville se plaint sans fruict ce qui obligea à une assemblée générale des notables où il fust advisé de desputer au Roy pour luy confirmer nos obéissances et demander l'esloignement de ces trouppes et feurent nommez Messieurs Hémeré conseiller au Présidial et Hodeau advocat et de Tronçay laquelle desputation fust mal reçūe et détournée par Monsieur le Goubverneur.

Prise de Baugy.

Cependant Monsieur le Goubverneur a advis que les trouppes de Monron s'estoyent emparées du chasteau de Baugy appartenant à

Son Altesse ce qui incommodoyt beaucoup la contrée, il cherche les moyens de les en chasser. Il appelle des habitans d'Yssouldun[1] pour son assistance qui vinrent en nombre de 300 tant de pied que de cheval. Il en demande à la ville de Bourges d'où il n'a personne par mauvaise intelligence et peu de conduitte de Monsieur le Maire, avec ce qu'il peult le faire d'hommes tant de pied que de cheval, il part le xv juing du matin y arive à midy, à cinq heures en est maistre, le tout par la mauvaise conduitte de Pontis, commandant ce poste qui y fust tué où il y avoyt lieu et moyen de se deffendre, la place de soy estant forte et bonne.

Ceste prise faicte Monsieur le Goubverneur retourne le lendemain bien glorieux et entre dans la ville avec pompe et faict autant de reproche à Messieurs de Bourges qu'il donne de gloire à Messieurs d'Yssouldun. Les commandants dans

---

[1] Monsieur le Prince sorty de prison ne peult pardonner à ceulx d'Yssouldun qu'il maltraicta en parolles et de nombre gens de guerre qu'il envoya en ceste ville qui ayant esté incendiée pour la plus grande partye l'année suyvante, les habitans creurent que ce feu avoyt esté mis par l'ordre de Son Altesse ce qui n'avoyt pas grande aparence.

Monron ont cette prise fort à cœur parce que ce poste leur estoyt favorable et nécessaire pour le passage des leurs. Ils cherchent tous moyens de se vanger, ils font entreprise sur *Dun-le-Roi* qui résiste fortement. Il font violiences à grand nombre des parroisses qu'ils obligent à contribuer pour leurs subsistances et faulte de ce enlèvent tous leurs bestiaux ; la ville de Chasteauroux du domaine de Son Altesse se déclare pour le Roy, demande des trouppes pour sa conservation qui luy sont envoyées dont ils sont tous las et pour les chasser composent à 10,000 livres tournoys.

Les désordres des gens de guerre continuant dans la province, les habitans de la ville renouvelèrent leurs plainctes. Ils font assemblée, résolvent d'envoyer au Roy et prient Messieurs Hémeré et Hodeau cy davant desputez de partir Monsieur le Goubverneur de ce informé, empescha l'effect de ceste desputation, par le transport qu'il fist de sa personne en l'hostel de ville où il fist une longue harangue avec promesses de destourner ses trouppes et de laisser libre l'eslection de Maire et Eschevins. Ceste harangue fust demandée pour estre imprimée lequel accorda et néantmoins ne fust imprimée estant demeurée entre les mains de Monsieur Biet maire qui se voyant hors du mairat n'en voulust rendre la copye.

Eslection des Maire et Eschevins et esmotion sur icelle.

LE dimanche de davant la Sainct-Pierre arivé jour de l'eslection des Maire et Eschevins, les habitans usant de la liberté de leurs priviléges s'assemblent en grand nombre chascun en son quartier pour la nomination de xxxii conseillers ce qui se fist avec brigues et conspirèrent entre eulx de changer toute la maison de ville. De faict que le dict jour de Sainct-Pierre arivé, Monsieur Biet maire avec Messieurs ses Eschevins et spécialement ceux qui par l'ordre ancien debvoyent demeurer qui estoyent Messieurs Biet maire, Petit conseiller et Cholet eschevins de Bourbonnou et Sainct-Privé font tous leurs efforts pour demeurer et pour cest effect resolvent avec Monsieur Charlemagne lieutenant particulier de rompre l'assemblée et d'empescher nouvelles eslections, ce qui leur fust promis par le dict sieur Charlemagne mais le jour de

ANNÉE 1650

l'assemblée venu, il ne tint pas sa parolle et quoique pussent faire les dicts sieurs Biet, Petit et Cholet par bruict, acclamation, ou aultrement par un grand et extraordinaire desordre qui y arriva grand nombre d'habitans y estant accourus la nomination des nouveaux se fist et furent esleus Messieurs Lebègue président maire, Thibault, conseiller et Becueau esleu, Lesyeur resceveur du taillon et Hodeau-Tronçay eschevins et comme ils ne suivoyent pas le caprice de ceulx qui les avoyent esleus pour choquer le Goubverneur, ils furent blasmez et disoyt-on contre eulx qu'il les falloyt changer que la Sainct-Pierre estoyt tous les jours et leur suscita-t-on plusieurs bourasques dont ils se desmolirent au grand mécontentement du dict sieur de Biet ce qui fust continué pendant l'année de leur consulat.

Desordres pour les cappitaines nouveaux faicts.

Monsieur le Goubverneur demanda des canons pour aller attaquer une place, ils les luy promettent dont le peuple suscité à ce faire murmure; ils ne sont point délivrez ; il fallut faire de nouveaux cappitaines au lieu des défaillans. Il y a des brigues qui causent beaucoup de desordres et spéciallement sur l'eslection du jeune *Bourges* au quartier Sainct-Privé pour laquelle il y a opposition par cinq ou six habitans de la porte Gourdaine, appuyée par Monsieur Biet lieutenant général qui est enfin dissipée par l'arrest de Monsieur le Goubverneur contre lequel Messieurs de la Ville se pourvoyent qui casse et annulle les ordres du Lieutenant général, lequel dict qu'il ne faisoyt rien contre luy attendu que c'estoyent les Maire et Eschevins qui avoyent faict ce cappitaine et non luy comme il luy appartenoyt, luy ostant en cela son pouvoir; donc s'estant formalisé à Messieurs de la Ville, ils luy accordèrent de nommer à l'advenir et ce faisant confirmer ce qui avoyt esté faict, d'où il en collige que le dict Lieutenant général pour son intérest particulier voulust faire perdre la liberté aux habitans de nommer des cappitaines, qu'ils se racquevoyent despuis l'arrestation de Son Altesse.

Voyage du Roy en Guienne et siège de Bourdeaux.

CEPENDANT le Roy se dispose au voyage de Bourdeaux à dessein d'assiéger la ville comme rebelle au Roy tant pour avoir reieté Monsieur d'Épernon son goubverneur que pour avoir resceu Madame la Princesse et Monsieur son fils le duc d'Enguien réfugiez en ceste ville par les apréhensions qu'ils avoyent d'estre mal traictez au chasteau de Monron où ils estoyent journellement muguetez par Monsieur le comte de Sainct-Aignan et ceulx de ses trouppes et quittèrent le dict chasteau de Monron environ le commencement du moys de septembre. Le Roy et la Royne avec le cardinal Mazarin arrivez avec l'armée dans la Guienne font leurs aproches vers la ville de Bourdeaux qui se deffend courageusement sous la conduitte de Monsieur de Bouillon lieutenant général de Monsieur le duc d'Enguien chef et sous le nom duquel les Bourdeloys se deffendent.

La ville est assiégée et battüe qui attendant du secours d'Espagne, l'on parle de capitulation à quoy l'on s'entend de part et d'aultre par articles donnez qu'il seroyt trop long de desduire et de lire l'accommodement se faict très advantageux et honteux spéciallement au Roy, soubs condition que le duc d'Espernon ny sa postérité ne pourroyent jamais rien prétendre ny estre faicts goubverneurs du pays de Guienne et que Messieurs les Princes prisonniers seroyent au plus tôt mis en liberté et leur procès faict pourquoy Madame la Princesse auroyt liberté d'aller à Paris faire les sollicitations nécessaires et le Roy faict son entrée à Bourdeaux sur la fin du moys d'octobre ou novembre 1650.

Transport des Princes du boys de Vincennes à Marchecoussy.

Durant ceste guerre de Guienne Monsieur mareschal de Turenne qui remuyoit pour les Princes du costé de la Picardye et Champagne s'advance fort et faict des courses jusques aux portes de Paris ce qui oblige Monsieur le duc d'Orléans lieutenant général du royaulme demeuré à Paris de pourvoir à la seureté des Princes et pour cet effect les fist transporter du chasteau de Vincennes à celuy de Marcoussy proche Chartres dont la nouvelle arriva en ceste ville quelques jours après et disoyt-on qu'ils s'estoyent sauvés ce qui mist la ville en grande ioye qui tost fust cessée par l'advis que l'on eust de la bonne et seure garde en laquelle ils estoyent.

Desputation au Roy revenant de Guienne par la ville de Bourges.

Le Roy retournant du voyage de Bourdeaux, il fust faict assemblée de ville par laquelle il fust conclu que l'on iroyt saluer le Roy pour l'asseurer de la continuation des obéïssances de la Ville et des habitans à son service; pour cest effect Monsieur Lebègue maire, Hodeau eschevin et moy furent desputez, nous avons esté à Bloys et dela à Amboise où le Roy se trouvoyt accause de la maladye de la Royne. Nous eusmes audiance favorable par l'assistance de Monsieur le comte de Sainct-Aignan qui nous dict que nous estions allez pour faire nos plainctes au Roy des mauvais traictemens des gens de guerre, mais qu'il les falloyt convertir en remercîmens d'aultant que toutes les trouppes estoyent congédiées. Mais comme ce discours estoyt préparé, il n'y eust pas de temps pour le changer et fust dignement prononcé par Monsieur Lebègue qui en remporta avec nous grande sattisfaction et faisant compliment à Monsieur le Cardinal fusmes par luy asseurez du desplesir que le Roy et son Conseil avoyent de ce que la province avoyt souffert par les gens de guerre que l'on avoyt esté contrainct d'y avoir à cause de Monron et maintenant que l'accommodement estoyt faict il n'y avoyt plus rien à craindre que les trouppes estoyent congédiées et qu'il n'y auroyt dans la province à l'advenir ny passage ny service de gens de guerre et revinmes sur ces asseurances dont à notre retour chascun fust fort sattisfaict.

Siège de Rhetel par le cardinal Mazarin.

Le Roy de retour à Paris la Fronde et les frondeurs se réveillent contre le cardinal Mazarin, les ennemys ravagent en Picardye et Monsieur le Cardinal pour s'acquérir de la gloire y attire toutes les trouppes et s'y transporte en personne. Il gaigne la ville de Réthel que nous avions perdüe (l'on disoyt par argens et corruption du goubverneur). Le mareschal de Turenne qui vient pour assister les assiégez est vincu en bataille rangée avec grande perte de gens dont le Cardinal tout glorieux revient à Paris où il est resceu avec grands aplaudissements de la Cour et du peuple.

Transport des Princes du chasteau de Marcoussy au Hâvre de Grâce.

Et comme pour l'asseurance de sa gloire et de son ministériat il falloyt qu'il s'asseurast de la prison des Princes, le Cardinal les faict transporter du chasteau de Marcoussy au Hâvre de Grâce place la plus forte de France et du goubverneur de laquelle il se croyoit le plus asseuré ce qui faisoyt juger à un chascun que ceste prison seroyt longue, de faict qu'il commence à ne plus vouloir entendre parler de l'exécution du traicté de Bourdeaux. Et au lieu d'entretenir les parolles qu'il avoyt données faict tout le contraire ; mesme au préiudice de ses parolles ; nous aprenons que l'on a destiné une garnison en ceste ville, par le sieur Hodeau l'un des eschevins estant à Paris à la sollicitation des affaires de la ville et entre aultres dont contre quelques habitans opiniastres du quartier de Sainct-Privé qui estoyent opposés à la nomination du fils du sieur Bourges pour cappitaine enseigne du quartier avec son père cappitaine en chef, laquelle division estoyt fomentée par Monsieur Biet lieutenant général en hayne de ce que l'on l'avoyt changé de maire.

ANNÉE 1651

Sortye des Princes hors de prison et réiouissances qui se firent dans la ville.

CEPENDANT Son Altesse royalle le duc d'Orléans joinct au Parlement demandent la liberté des Princes et l'esloignement du Cardinal. La Royne y résiste tant qu'elle peult, enfin y fust contraincte par la nécessité et donne les ordres pour la sortye des Princes auxquels l'on expédie Monsieur le mareschal de Grandmont qui est prévenu par le Cardinal de Mazarin qui se transporte en personne au Hâvre de Grâce pour porter la nouvelle aux Princes, pensant par là faire son racommodement, mais il n'est pas fort bien resceu. Les Princes sortent avec la ioye universelle de tout le monde et arrivent à Paris le jeudy XXVI febvrier, où ils sont resceus avec aplaudissemens universels ; Monsieur le comte de Sainct-Aignan voyant leur retour asseuré remit son commandement de la province de Berry entre les mains de la Royne et n'ay poinct appris comme il avoyt faict son accommodement avec Son Altesse, qui avoyt consceu grande haine contre luy. Par ordre du Roy, Monsieur le Prince le resceut dans son hostel sans beaucoup de discours, présenté par Monsieur de Chavigny-Boutillier, le 20 may 1651.

La nouvelle de ceste tant désirée liberté arriva en ceste ville le vendredy xvii febvrier qui fust anoncé au peuple par le son général de toutes les cloches des esglises de la ville, qui excitèrent une ioye indicible dans les cœurs de tous les habitans qui en firent grandes réiouissances. Messieurs de la Ville desputèrent vers Leurs Altesses de Condé et Conty Monsieur Becuau, eschevin, pour se coniouïr d'une tant désirée liberté et vie, à la Princesse à Monron, Monsieur de Champgrand premier cappitaine d'Auron, qui fust accompagné de cent cavalliers bien lestez. Ensuitte de quoy l'on fist un *Te Deum* le dimanche suyvant avec grand appareil. Tous Messieurs de l'Esglise chappez et l'esglise Sainct-Estienne ornée de diverses amblesmes et prières d'esprit des plus ferventes et le feu de ioye. Ensuitte à la place de Bourbon où il ne manque pas un habitant à estre soubs les armes.

ce qui fust commencé dès le matin au subiect de l'arrivée dans la ville de Monsieur le duc de Bouillon qui venait de Monron auquel on fist très grand honneur au subiect de ce qu'il avoyt tenu le party des Princes au siège de Bourdeaux et les réiouissances continuèrent jusqu'à l'arrivée de Madame la Princesse en ceste ville, qui fust au commencement de mars le huict qu'elle y entra où elle fust resceue avec Monseigneur le duc d'Enguien son fils avec des réiouissances et acclamations de ioye qui ne se peuvent explicquer, tous les habitans ornez de beaux habits et rubans, et habillez en bleu, la resceurent et luy allèrent au devant tesmoigner leur ioye.

Entrée de Madame la Princesse dans la ville.

LE Corps de ville la resceut à la porte d'Auron, Messieurs vestus de leurs robbes consulaires. Il y avoyt despuys la porte jusques au pallais archiépiscopal où elle logea, cinq porticq magnificquement ornez sur lesquels il y avoyt à l'un les tambours et fifres et à l'aultre les trompettes, au troisiesme une musique doulce composée de voyes et d'instrumens, à une aultre des viollons et au cinquième des auboys qui faisoyent retentir l'air des chants d'allaygresse. Une fontaine de vin coulloyt au ault de la rue d'Auron dont tous les passans apaisoyent leur soif et toutes les rües au lieu de tapysseries estoyent ornées de lauriers qui faisoyent paroistre une forest des rües, et qui continuoyt jusques à l'Archevesché où estant arrivée, elle fust haranguée par tout le Corps de la Ville, chascun faisoyt de nouveaux efforts pour luy complaire.

La Ville donne une collation à Madame la Princesse.

Le lendemain de son arrivée, elle fust aux RR. PP. Jésuittes qui avoyent presparé une très-belle tragy-comédie en son honneur, et de là vint en l'hostel de ville où elle estoyt attendüe avec une grande et célèbre compagnie et collation publicque qui fust mal conservée pour l'honneur de Madame la Princesse, d'aultant qu'elle fust plustôt consommée qu'elle ne l'eust veue et mangea à part dans une chambre avec grande incommodité accause de l'abondance du peuple. Après la collation on dansa un ballet dont elle fust fort sattisfaicte et rendit grand tesmoignaige de ioye pour les sattisfactions et honneurs qu'elle avoyt resceus et partit pour Paris et Monsieur son fils retourna à Monron qu'elle quittoyt avec grand desplesir et non sans larmes.

Ma destitution d'advocat de la ville. — Mort du Procureur d'icelle.

LE jour de feste de Sainct-Pierre 1651 l'on procéda à la nouvelle eslection des Maire et Eschevins qui furent tous changez par l'ordre de Son Altesse Monseigneur le prince de Condé. Je fus aussy demys de la charge d'advocat de la ville, par les mauvais et faux rapports qui furent faicts à Son Altesse que je l'avoys descryé durant les derniers troubles et mis en mon lieu Monsieur Jehan de La Chapelle, advocat, dont tous les gens d'honneur se formalisèrent beaucoup, et le 14 juillet mourut Monsieur Michel Gervillac, procureur de la ville, ainsy la ville demeura sans aulcuns officiers et pourveue de Maire et d'Eschevins très désagréables au peuple et peu versez dans les affaires de la ville.

Prise de possession de Monseigneur l'Archevesque de Bourges, 101ᵉ archevesque.

LE mardy xi juillet 1651 Monseigneur l'illustrissime archevesque de Bourges Anne Doléaz de Vantadour prit possession de l'Archevesché solemnellement et officia le dict jour à Sainct-Estienne pontificallement.

Entrée de Monsieur de Persan et nouvelle sortye de Monseigneur le Prince hors Paris.

LE vendredy 14 juillet 1651 entra en ceste ville Monsieur le marquis de Persan lieutenant du Roy et de Monseigneur le Prince dans sa province qui apporta la nouvelle que Son Altesse s'estoyt retirée de Paris en sa maison de Sainct-Maur sur l'advis qu'il avoyt eu que le Roy se vouloyt asseurer de sa personne, ce qui fist grand bruict en cour et dont Son Altesse donna advis aux corps de ceste ville.

Arrivée de Mesdames les princesses de Condé et Longueville.

ENSUITTE le 3 aoust 1651 arrivèrent en ceste ville Madame la Princesse et Madame de Longueville qui logèrent à l'Archevesché. L'on ne fist pas grande exultance de leur arrivée d'aultant que l'on en pronostiquait mal ; néantmoins de jour à aultre, nous apprenons que les affaires s'accommodent en cour. Madame de Longueville séiourna en ceste ville et logea aux Carmélites d'où elle partit bientôt, et Madame la Princesse s'en alla à Monron le cinq aoust où l'on fist conduire grand argent que l'on disoyt estre pour les frais de la guerre que les Princes méditoyent.

Maiorité du Roy.

LE Roy ayant atteint l'aage de XIII ans accomplys le cinquiesme septembre 1651, il fust au Parlement à Paris se faire desclarer maieur ; le jeudi sept septembre avec une grande pompe et magnificence et sa maiorité cogneüe, il desclara la Royne sa mère, chef de son Conseil, Monsieur de Chasteauneuf premier Ministre d'Estat, Monsieur Molé premier Président garde des sceaux, Monsieur de la Vieuville surintendant des finances, Monsieur le Coadjuteur de Paris un des ministres d'Estat. Monsieur le prince de Condé n'assista poinct à ceste maiorité et se retira mécontent sur l'advis qu'il eust que l'on vouloyt se saisir de sa personne.

Arrivée de Monseigneur le Prince.

LE mercredy 13e septembre 1651, arriva en ceste ville Son Altesse Monseigneur le prince de Condé assisté de Monsieur le prince de Conty, Monsieur de Nemours, du prince de

La Rochefoucault-Marcillac, et logea à l'Archevesché où tous les corps de ville le furent saluer et tous les desputez des villes circonvoisines qui avoyent esté advertis se trouvèrent au mesme jour.

Enlèvement des deniers royaulx des Gabelles.

Le lundy XXIII septembre, Monsieur de Persan lieutenant du Roy en la province, estant de retour de Monron alla en la maison du sieur Feuillet commis général des Gabelles et prist tout l'argent qu'il trouva qui se montoyt à 16 ou 1,800 livres et le mesme jour l'on fist battre le tambour pour lever des gens de guerre sur le bruict qui courut que le Roy venoyt à Bourges et de suitte fist vendre le sel dans le grenier de Bourges et aultres de la province à 20 livres le minot au lieu de 16 qu'il se vendoyt et resceut l'argent puis fust vendu 16 livres jusqu'au départ de Son Altesse de Conty.

Le 20 de septembre arrivèrent en ceste ville Monsieur le prince de Conty, Monsieur de Longueville et Monsieur de Nemours. Le sabmedy

23 Monsieur le Prince de Conty fist son assemblée généralle des habitans, y assista et proposa qu'il falloyt faire garde pour la seureté de la ville par les habitans avec lesquels il protesta de partager les peynes que le temps et la guerre pourroyent causer et promit de mettre ordre que les gens de guerre ne fissent aulcun désordre et qu'en cas de plaincte il en feroyt faire un chastiment exemplaire.

Prix donné aux habitans par le prince de Conty.

LE lendemain 24 il proposa un prix aux habitans pour tirer au pavoix qui fust tiré au pray fiscal (Préfichaulx) où il ne se trouva si grand monde qu'il espéroyt. n'y ayant que des artisans. Il estoyt un bassin et aiguiere d'argent, de la valleur de 3 à 400 livres, et fust gaigné par un nommé Charles Thébault menuisier à la rüe des Haroines (Arènes).

Incendye arrivé en la ville d'Yssouldun le jeudy jour de Saincte-Mathilde.

Le vendredy 22 septembre nous avons des nouvelles en ceste ville de l'incendye arrivé en la ville d'Yssouldun le jeudy 21 en nuict, qui a consumé plus de six cents maisons et eust bruslé toute la ville, sy après les remédes humains ils n'eussent eu recours aux scelestes et divins par l'exposition du très Sainct-Sacrement de l'autel, qui en arresta le cours miraculeusement. La perte est estimée à plus d'un million de livres, despuys la porte de Sainct-Jehan jusques à la porte de Villatte.

Lettre du Roy envoyée le 26 septembre 1651.

Le mardy 26 septembre arriva en ceste ville un vallet de pied du Roy porteur d'une lettre de Sa Maiesté adressée aux Maire et Eschevins et habitans de la ville de Bourges, qui n'ayant trouvé Monsieur le Maire en son logis qui estoyt avec les Eschevins au logis et hostel de Son Altesse Monsieur le Prince de Conty, fust mandé et vint à son dict logis où estant Monsieur le Prince de Conty luy dist qu'il luy donnast la lettre du Roy, qui luy respondit qu'il avoyt ordre du Roy son maistre de la donner aux Maire et Eschevins et habitans assemblez en l'hostel de ville, qu'il ne luy pouvoyt donner. Son Altesse commanda à Monsieur le Maire de la prendre, qui fist reffus; lui ordonna et commanda de la prendre, ce qu'il fist d'une main et de l'aultre la présenta à Son Altesse qui alors l'ouvrit et la leust en particulier sans la voulloir communiquer aux Maire et Eschevins, disant qu'il mettrait ordre au contenu d'icelle. Les Maire et Eschevins firent grande instance pour la veoir, ce qui leur estant reffusé et commandement de se retirer, ils obéirent et estant au bas de la montée, ils furent rappellez. Son Altesse leur commanda de donner descharge au vallet de pied de la lettre ce qu'ils ne voulurent faire disant qu'... ne l'avoyent resceue n'en sachant la teneur et demandèrent de nouveau communication d'icelle qui leur fust accordée, et contenoyt en somme que le Roy se promettoyt que les habitans de sa ville de Bourges imitant la fidélité de leurs ancestres se maintiendroyent pour son service et sur ceste créance leur donnoyt advis qu'il partiroyt la semaine prochaine pour venir à Bourges où il voulloyt estre resceu sans faire despens. Les Maire et Eschevins demandèrent la lettre pour la communicquer à la ville. Elle leur fust reffusée et sur les injonctions de Son Altesse ils furent contraincts de donner descharge au porteur et de se retirer dont ils informèrent les habitans qui se trouvèrent fort embarrassez et escrivirent néantmoins au Roy secrettement et mandèrent de venir promptement, contre la parolle qu'ils avoyent donné de ne rien escrire.

Emprisonnement de Monsieur Biet, maire de la ville.

Le dimanche 1er octobre 1651 sur l'advis que Messieurs de la Ville eurent que les Princes voulloyent faire quelque insulte à la ville ordonnèrent secrettement que la garde seroyt redoublée et que les habitans se tiendroyent sous les armes la nuict et donnèrent un contr'ordre à celuy des Princes ce qui fust révélé aux dicts

Princes dont ils se formalisèrent beaucoup, et le lundy 2 octobre ayant faict venir Monsieur le Maire en leur pallais le gourmandèrent de parolles et ensuitte l'arrestèrent prisonnier en la Tour sans que le peuple en fist aulcun empeschement ny ne le réclamast en aulcune façon et après midy Monsieur le Prince de Conty fist faire assemblée de ville où il se trouva et fist lire une lettre (que l'on tenoyt supposée) par laquelle Monsieur de Guénégault secrétaire d'Estat escrivoyt à Monsieur le Maire que le Conseil estoyt fort sattisfaict de sa conduitte et de l'advis qu'il donnoyt de l'estat de la ville et de l'affection des habitans qu'il continuast et fist que les Princes sortissent de la ville, sans quoy le Roy ne pouvoyt venir à Bourges et le peuple se trouvant en grand nombre en l'assemblée crya : « Vive le Roy et les Princes », protesta de les servir et huèrent contre le Maire et firent mil imprécations contre luy, mais les gens d'honneur s'assemblèrent et furent veoir Son Altesse pour la pryer d'eslargir Monsieur le Maire ce qu'il ne voullust faire disant qu'il estoyt expédiant pour leur asseurance de le tenir là dedans et que dans huictaine il en ordonneroyt et se retirèrent sans fruict, comme aussy sa femme qui vint de l'hostel de ville pour réclamer son mary qui fut repoussée et reffusée et se retira en sa maison de Maubranche.

Le mardy il y eust assemblée sur l'ouverture du pacquet du Roy apporté par le nommé Viouche sergent de la ville qui avoyt esté envoyé en cour et qui déroba son départ et son arrivée à Son Altesse, contre le service qu'il debvoit à la ville qui respondoyt à la response que l'on avoyt faicte à sa lettre à l'insçu des Princes, laquelle délibéra de communicquer ceste lettre au Prince qui en l'ayant, la serra et ne la voullust faire veoir après avoir beaucoup cryé contre la conduitte des Maire et Eschevins qui avoyent escript en cour contre l'ordre qu'il leur avoyt donné et sur la demande du Maire furent renvoyez, en quoy les gens d'honneur et de condition resceurent et tesmoignèrent beaucoup de mécontentement et le soir du mesme jour Son Altesse avec les siens furent visiter les remparts de la ville, passèrent par les cors de garde et donnèrent argent aux soldats et menu peuple qui sembloyt ne respirer que pour eulx, en quoy ils s'asseurent et continuent leur armement. Les compagnies tant de pied que de cheval incommodoyent beaucoup les environs de la ville, quelques ordonnances qui furent faictes et publiées au contraire, et attendoyent que l'on feroyt reffus au Roy des portes de la ville sur ce que le menu peuple qu'ils croyoient pour eulx estoyt le plus fort.

Le mercredy 4 octobre, le fils de Monsieur le Maire revint de la ville de Gien où il avoyt veu le Roy informé de ce qui se passoyt dans la ville, qui apporta nouvelle lettre du Roy qui confirmoyt son arrivée et demandoyt que l'on eust à desclarer ce que l'on voulloyt faire, de le rescevoir ou refluser, venant pour garantir la province des ennemys qui la persécutoyent dans lequel pacquet il y avoyt une lettre du sieur de Bougy maistre de camp d'un régiment de cavallerie qui offroyt son service pour repousser l'oppression se disant assisté de mil chevaux et deux mil hommes de pied.

L'assemblée fust convocquée sur la réception de ce nouveau pacquet qui n'estant scellé du sceau du Roy fust ouvert et la lettre du Roy y incluse avec celle du sieur de Bougy clause et cachetée, l'on sceut néantmoins ce qu'elle contenoyt par le dict fils de Monsieur le Maire Monsieur de Maubranche, sur quoy fust délibéré qu'elles seroyent portées à Son Altesse ce qui fust sur l'heure exécuté et ayant veu les dictes lettres il les leut aux Eschevins et assistans, continuant à les blasmer du peu de parolles qu'ils avoyent eu pour leurs affaires, leur commanda de convocquer l'assemblée pour une heure après midy où il se trouveroyt.

L'assemblée fust faicte et auparavant Son Altesse alla par les rūes congratulant les peuples et leur demandant s'ils voulloyent recevoir Bougy en garnison, qu'il s'offroyt à eulx, que s'ils voulloyent il les détourneroyt, à quoy le peuple cryoit que non, « vive le Roy et les Princes, poinct de Mazarin ». Il les convia à se trouver à l'assemblée, ce qu'ils firent en grand nombre et pensèrent emporter les voyes pour les Princes au préiudice du Roy par dessus les gens d'honneur qui s'y trouvèrent et retirèrent voyant qu'ils n'estoyent les plus forts et passa que l'on escryroyt au Roy et que Son Altesse dresseroyt la lettre ainsy qu'il s'y offroyt et l'escrivist portant que la ville continueroyt dans le service du Roy sous les ordres et commandement de Son Altesse le prince de Conty, ce qu'ayant appris les gens de bien et les mieux intentionnez ils se rallièrent et fortifièrent contre l'oppinion du commun du peuple et en après que Son Altesse fust hors de l'hostel de ville et ne trouvèrent à propos d'envoyer ceste lettre qui balançoyt l'aucthorité royalle et firent une ordonnance pure et simple de leurs subiections au service du Roy et desputèrent tous les corps de ville pour envoyer au davant du Roy, laquelle desputation fust envoyée le jeudy cinq octobre et bien resceue.

Retraicte du prince de Conty de la ville de Bourges.

CE changement de résolution de la ville estant rapporté au prince de Conty si tost qu'il est conclu il délibère avec les siens et médite un prompt départ de la ville qui fust faict le mesme jour entre neuf et dix heures du soir et tirèrent toute nuict vers Monron ; emmena avec lui Monsieur le Maire, et fust suivy par Monsieur Labbe doyen de l'Esglise de Bourges, l'un des plus zélés pour leur service qui fust rappelé par le Roy et vint le 21 octobre faire ses soubmissions au Roy, et quelques aultres particuliers les mieux intentionnez pour leur party, et ce prompt départ fust encore excité par la nouvelle qu'ils resceurent que Bougy avait taillé en pièces la garnison de Baugy et deux compagnies de chevau-légers qu'ils y avoyent conduittes par le sieur Duguepeau qui fust faict prisonnier et par le vicomte de Renon qui se sauva.

Le jeudy 5 arrivèrent les fourriers et mareschaux des logis du Roy qui commencèrent à marquer le logement du Roy et de sa suitte qui estoyt à Gien, vint le lendemain coucher à Aubigny et de là à la Chapelle d'Angillon.

Entrée du Roy Loys XIV en la ville de Bourges.

ET le sabmedy 7 le Roy envoya un exempt de ses gardes du Corps, sommer la Tour de se rendre qui fust accompagné des Eschevins de la ville. Celuy qui commandoyt nommé Larosière refusa d'abord et dit qu'il ne la rendroyt qu'au Roy, à quoy luy estant répliqué que le Roy venoyt et que l'on la demandoyt de sa part et que l'on prendroyt acte de son reffus, il la rend lors à dix heures du matin au grand contentement de tous les habitans.

Le mesme jour de sabmedy le Roy entra dans la ville par Sainct-Privé entre trois et quatre heures après midy et fust logé à Jacques-Cœur avec la Royne et Monsieur le duc d'Anjou, ce qui fust faict sans aulcune cérémonye ny parade le Roy ayant deffendu de se mettre soubs les armes ny de monter à cheval par les habitans et fust seulement resceu aux portes de la ville, par les Eschevins et Officiers de Ville revestus de robbes consulaires assistez de nombre de notables et les clefs luy furent présentées, il ne fist poinct sa marche dans l'esglise de Sainct-Estienne, mais droict au logis de Jacques-Cœur, estant à cheval accompagné de grand nombre de seigneurs avec grandes acclamations de vive le Roy, et le soir du mesme jour se firent des feux de joye par toutes les rûes.

Le dimanche, le Conseil se tint pour la guerre et fust délibéré que l'on feroyt fisler les trouppes du Roy du costé de Monron ce qui fust exécuté et furent conduittes par Messieurs de Paleau et Bougy. Le régiment des gardes et celuy des Suisses se transportèrent et eusmes advis qu'ils estoyent entrez dans Sainct-Amand le mardy. Les trouppes ravagèrent impunément toute la province.

*Changement des Eschevins et desmolition de la
Tour de Bourges.*

LE mercredi 21 octobre 1651, il y eust convocation d'assemblée à son de trompe et cry public pour une heure après midy où se trouva Monsieur de Balthazard, maistre de requestes et intendant de l'armée du Roy qui présida et exhorta le peuple au service et obéissance du Roy, et fist lire un ordre du Roy portant la nomination des quatre eschevins, advocat, procureur de ville, resceveur et trente-deux conseillers de ville et cappitaines.

Les eschevins estoyent Monsieur de Ruelle esleu pour le quartier de Bourbonnou, Monsieur Gougnon, advocat du Roy, pour Sainct-Sulpice, Monsieur Hodeau cappitaine en chef pour Sainct-Privé, Agard des Tureaux d'Auron, et moy Le Large dans la charge d'advocat de la ville dont on m'avoyt injustement destitué à la Sainct-Pierre.

Laquelle lettre leüe, le Sieur de Balthazard fist prester le serment de fidélité aux nouveaux esleus puis généralement à toute l'assemblée de vivre constamment dans le service du Roy, quoy faict l'on fust au logis de Monseigneur de Chasteauneuf premier ministre d'État pour le remercier et le lendemain on fust en robbe de livrée veoir et complimenter le Roy et la Royne auxquels on demanda la confirmation des privilèges et aultres choses qu'ils accordèrent; comme ils avoyent faictes la desmolition de la grosse Tour le mardy précédent à quoy l'on travailla avec grande ardeur le mesme jour. Dans ceste nomination l'on ne parla aulcunement de Monsieur Biet maire et ne fust aussy mis un aultre à sa place.

La Tour minée.

Le Roy s'estant plainct que l'on ne travailloyt pas assez diligemment à la Tour l'on fust contrainct de faire cesser les ouvriers de Bourges et de faire marché à un Almand de la suitte du Roy nommé Daniel, légat du bas Palatinat, en Alemagne. Les histoires anciennes rapportent que ceste Tour avait esté bastye du temps d'Attila environ l'an 450 de Jésus-Christ et fortifiée par le roy Philippe-Auguste en 1191. (Père Labbe dans son *Esloge de Bourges*, folio 51.) Le sieur

Daniel s'obligea à l'abattre dans quinze jours à commencer du 23 octobre pour et moyennant la somme de 200 livres payable au fur que le travail se feroyt, à quoy il fist travailler incessamment et n'y ayant d'assez bonne pouldre à Bourges, on en envoya quérir jusqu'à Orléans 1,200 livres dont les mines furent chargées qui jouèrent le dimanche 22 octobre et fendirent la Tour du ault en bas en deux endroicts sans la faire tomber ce qui fascha beaucoup tous les habitans qui appréhendoyent un grand dégast par la force de la pouldre. Il n'y en arriva néantmoins aulcun et à peyne oüyt-on le bruict de l'esclat qui provenoyt beaucoup de la pesanteur de la Tour.

Départ du Roy de Bourges.

LE Roy et toute la cour partirent de Bourges le mercredy 25 octobre et alla coucher à Yssouldun sur l'instante prière que firent les habitans à Sa Maiesté de leur faire cet honneur ayant délibéré de passer par Vierzon pour gaigner le Poictou.

Il fust accompagné de Monsieur le comte d'Arcourt qui le vint joindre le 24 avec grandes trouppes qui avec celles du Roy incommodèrent beaucoup la province.

Confirmation des privilèges et aultres dons.

MESSIEURS de la Ville travaillèrent à l'expédition des lettres de confirmation des privilèges de la ville et demandoyent l'interprétation de vieux et anciens mots qui sont dans les privilèges qui tendent à exemption de logement des gens de guerre et toutes subsistances et contributions, ce que le Conseil ne voullust accorder mais bien la confirmation dans la forme ancienne avec cette addition que le Maire seroyt natif de la ville et que nul ne pouvoyt estre eschevin qui ne fust demeurant en la ville davant dix ans auparavant son eslection. L'on obtint aussy avec grande peyne le don de la *dime* du patrimoine, le pouvoir de procéder à la revente des communaux cy davant alliénés *et le don de propriété de la Tour, ses despendances et du fond où elle estoyt bastie* à quoy contribua beaucoup Monseigneur de Chasteauneuf et quelque diligence que l'ont pust apporter toutes ces lettres ne furent expédiées que la veille du départ du

ANNÉE 1651

Roy, l'on onna aux secrétaires de Monseigneur Philippeaux de La Vrillière 50 escus d'or d'une part et de l'aultre 8 pistolles d'aultre ; les escus valloyent 115 pièces et les pistolles 11 pièces cy 363 livres tournoys.

Seconde mine et meurtres arrivez à la Tour.

LE sabmedy 9 descembre 1651 l'on fist jouer une seconde mine à la Tour qui fust faicte dans l'estage moyen composée de trois fourneaux et de celuy demeuré de la première mine dans lesquels l'on mist 1,400 livres de pouldre bien fine qui fist grand ravage. Le Tour fust renversée par moytié, mais avec grand désordre car chascun croyoit qu'elle ne feroyt pas plus d'effect que la première foys et on approcha facillement, il arriva que la pouldre fist grand esclat des pierres qui bondirent de tous costez tuèrent dix-huit personnes et blessa trente ou quarante, gasta beaucoup les esglises et logis voysins dont le desplesir resta fort grand ; il y eust entre les morts les sieurs Barré et Berthomé chanoyne de résidence à Sainct-Estienne qui furent tués par une pierre estant à une fenestre d'une maison vis-à-vis le placis de Montermoyen du costé de Sainct-Estienne qui estoyt esloignée de la Tour de 200 à 300 pas, le sieur Delacroix vicaire de la mesme esglise dans son jardin, le nommé Ganier maistre d'escholle et recteur du collège de Montermoyen avec un eschollier dans son jardi proche de la Tour, quelques particuliers dan leurs maisons, quatre ou cinq escholliers e pauvres gens qui estoyent accourus pour veoi ce qui arrivoyt. L'on avoyt publié que chascu s'esloignast ce que l'on ne voulust croire, e sorte que les uns sont demeurez morts ou blesse par leur faulte et sécurité, les aultres ne pouvan s'imaginer que les pierres dussent aller si loing Dieu fasse paix aux trépassez et console le. affligez sans lesquels tout alloyt bien au contentement du peuple. Dieu soit loué de tous ! L'o envoya ensuite au Roy l'advis de ce qui esto faict et de la mort du sieur Cardinal eschevi arrivée le 1er de decembre 1651 au lieu duquel j'a esté esleu le 18 janvier 1652. En décombrant le pierres, il se trouva un quart de pouldre entie qui ne brusla point, et s'il eust pris feu, il y eus eu encore plus grand désordre.

ANNÉE 1652

Retour du cardinal Mazarin.

PENDANT le séiour du Roy à Poictiers Monsieur le Prince est vivement poursuivy par les trouppes de Monsieur le comte d'Arcourt, battu à trois diverses foys et contrainct de se retirer vers Bourdeaux qui se préparoyt d'aller asseurer le Roy de ses obéïssances dont elle fust détournée par la nouvelle survenüe que le cardinal Mazarin entroyt en France avec Messieurs les mareschaux d'Auguincourt et de Grançay. Le dict Cardinal passa à Vierzon avec ses trouppes composées de sept à huit mil hommes sur la fin de janvier 1652 qui firent des ravages et des voleries sans exemple. Il joignit le Roy à Poictiers qui luy alla deux lieues au davant avec sa cour; son arrivée obligea Monsieur de Chasteauneuf à quitter le ministère et se retirer de la cour: ceste nouvelle arrivée oppiniastra davantage les esprits qui se remuent plus que jamais. Et le party des Princes se fortifia par la jonction de Son Altesse royalle le duc d'Orléans qui se desclare aultement, met des trouppes sur pied conduictes par le duc de Beaufort qui pousse avant et va joindre le Roy ; et son armée qui s'occupoyt au siège d'Angers assiégé pour n'avoir voullu rescevoir le Cardinal. Lequel siège est levé au commencement de mars par une capitulation italienne, de là le Roy se transporta à Tours où il est resceu et y faict séjour de trois à quatre jours où il n'eust esté resceu sans Monseigneur de Chasteauneuf qui exhorta les habitans à faire leur debvoir.

Le Roy est reffusé à Orléans.

LE Roy médita sa marche vers Orléans, ses fourriers et mareschaux des logis sont envoyez. Orléans les reffuse et desclare qu'il est prest de rescevoir le Roy et non le Mazarin. Ceste response est prise pour reffus et les environs d'Orléans pillez et ruynez d'un costé par les trouppes des Princes et de l'aultre par celles du Roy qui prend sa marche du costé de Sully où il séiourna quelques jours de là va à Gyen où il faict aussy séiour pendant lequel l'armée des

Princes s'advance laquelle est joincte par Monsieur le prince de Condé revenant de Guienne qui à son abord battit l'arrière-garde du mareschal d'Auguincourt qui perd tout son bagage et n'eust esté le secours prompt à luy arrivé du mareschal de Turenne il perdoyt toute son armée; ce qui arriva entre Gyen et Montargis dont le Roy informé à Gyen, la cour médita son départ pour venir du costé du Berry en ceste ville et les logemens déjà faicts à Sancerre, le dessein néantmoins changé par le progrès de l'armée du Roy qui oblige celle des Princes à faire volte face et se retirer vers Paris sans voulloir accepter le combat qui luy estoyt proposé.

Le Roy et toute sa cour tire du costé de Fontainebleau où estant arrivé il apprend que Monsieur le Prince est à Paris qui entre au Parlement et desclare qu'il est prest de mettre les armes bas, le Mazarin sortant du royaulme. Monsieur le duc d'Orléans faict la mesme desclaration, sur quoy le Parlement despute au Roy pour demander l'esloignement du Mazarin. La proposition est reffusée de la part du Roy qui dict ne voulloir rescevoir la loy de ses subiects et qu'il les rendra à raison : cependant son armée et celle des Princes sont aux environs de Paris qui font grands dégasts. Les Parisiens se plaignent, nouveaux desputez de toutes les cours et estats sont envoyez au Roy, estant à Sainct-Germain, l'accommodement se propose qui est encores rompu, la Royne ne pouvoyt souffrir l'esloignement du cardinal Mazarin.

Nouvelle eslection des Maire et Eschevins et desputation.

Le sabmedy 29 juing 1652 jour de Sainct-Pierre a esté procédé à la nomination des Maire et Eschevins par les voix et suffrages des 32 solemnellement esleus et nommez. Est esleu pour maire Hémeré conseiller sieur de Thuet, moy Le Large pour l'eschevin du quartier d'Auron, Monsieur Montagu de Sainct-Privé, Monsieur Bonnot pour Bourbonnou, Monsieur Gourdon de Saincte-Catherine pour Sainct-Sulpice. Et le dict jour fust présentée une lettre de cachet du Roy par le sieur Ruellé, eschevin cy davant, qui portoyt la continuation de sa personne pour eschevin et du dict sieur de Montagu. Mais comme il estoyt très désagréable au peuple, il n'eust aulcun égard à la dicte lettre pour son chef et fust rebutté dont Sa Maiesté fust informée et Monsieur de Guénegault secrétaire d'Estat qui se pleignist de ce mespris, comme aussi Monsieur Tillier intendant des finances qui estoyt en ceste ville et qui avoyt présenté et resceu la dicte lettre. Ensuitte fust envoyé un arrest du Conseil portant la cassation de l'assemblée avec deffense aux habitans de recognoistre les dicts sieurs Hémeré, Bonnot et Gourdon sur quoy fust faict assemblée nombreuse qui me desputa avec Monsieur Becuau esleu pour aller en cour porter nos très humbles remonstrances du 17 juillet 1652 lesquelles furent mal resceues et ordonné par le Conseil que les dicts sieurs se départiroyent des charges et Monsieur Biet seroyt maire, les sieurs Ruellé et Gougnon eschevins ce qui fust exécuté et moy Le Large et Montagu Estienne.

Lettre circulaire envoyée pour s'encourager contre le Roy.

LE vendredy 6 juing 1652 fust rendu un pacquet venant de Paris, à Messieurs les Maire et Eschevins, lequel ouvert il fust trouvé une lettre circulaire imprimée, sans nom ni date du jour et moys mais seullement de 1652 avec des articles aussy imprimez intitulez « *Union générale du tiers-estat de France* » le tout tandant à s'allier et faire un party contre le service du Roy. Ce qu'ayant esté veu, l'on dressa acte que l'on envoya à Sa Maiesté avec la dicte lettre et articles par messagers exprès qui furent interceptez par le chemin, et despuys une copye envoyée au Conseil qui avoyt esté tirée par le greffier sur l'original, ce qui fust bien resceu de Sa Maiesté.

Prise et razement du chasteau fort de Monron.

Le chasteau fort de Monron assiégé par Monsieur le comte de Palleau fust pris et rendu par composition le 4 septembre 1652 et le Roy en ordonna la desmolition au dict sieur de Palleau, qui a esté exécutée par le moyen des mines et travailleurs envoyez de toutes parts par les Eslections. La ville de Bourges fournit 3,000 livres de pouldre et despuys on travailla incessamment à la desmolition des chasteaux et aultres maisons fortes appartenant à Monseigneur le Prince dans la province. Pour faire laquelle expédition, le chevalier de Baradat vint de la part du Roy commander et Monsieur de Palleau rappelé et par l'ordre du Roy la ville eust cinq pièces de canon de ceulx qui se trouvèrent dans Monron qui furent amenez en ceste ville avec toute l'artillerie trouvée au dict Monron.

ANNÉE 1653

Mort de Monseigneur de Chasteauneuf et ses obsèques.

LE 15 octobre 1653 nous avons eu nouvelle en ceste ville de la mort de Monseigneur de Chasteauneuf garde des sceaux de France qui estoyt décédé le 12 du dict moys à Leuville près Paris le 7ᵉ jour de sa maladye ayant faict un testament où il a eu mémoire de tous ses parens et bons serviteurs ayant faict des legs jusques à la somme de cinq cent mil livres et ordonné que son corps fust mis en la chapelle de Chasteauneuf de Sainct-Estienne de Bourges, ce qui fust exécuté soubs la conduicte du sieur Mignon et son corps amené à Bourges. Le 23 du dict moys d'octobre jour de jeudy fust mis en l'esglise de Sainct-Austril paroisse de sa maison de Jacques Cœur où il fust jusques au dimanche 26 et de là solemnellement porté et conduict par tout le clergé de la ville en l'esglise de Sainct-Estienne qui estoyt superbement tandüe tant dans la nef que dans le cœur de velours noir avec les armes du deffunct en grand nombre et la chapelle ornée de magnifiques paremens. Il légua à l'esglise de Sainct-Estienne mil livres et Messieurs de l'Esglise composèrent pour le droict de tanture à 1,200 livres. Messieurs de la Ville assistèrent à son convoy revestus des robbes consulaires assistez de tous les officiers et firent porter au convoy douze torches aux armes de la ville: Messieurs du Présidial et tous les corps y assistèrent, aussy du peuple en grand nombre, Messieurs les Eschevins à gaulche portoyent les coings du drap de mort.

ANNÉE 1654

Éclipse de soleil.

LE mercredy 22 aoust 1654, entre huict et neuf heures du matin, il y a eu une éclipse de soleil laquelle avoyt esté remarquée par quelques almanachs et sur icelle l'on avoyt faict des pronostiquations estranges de tremblement de terre, de tonnerre dans le ciel qui feroyent périr le monde et les animaux, ce qui mist plusieurs personnes en grande peyne dans toute la France et obligea un chascun à faire des prières et se mestre bien avec Dieu. Mais il ne s'est veu rien d'extraordinaire et l'obscurité ne fust pas si grande de beaucoup qu'elle avoyt esté en une aultre éclipse arrivée deux ans auparavant.

Restablissement des figures représentant la passion de Nostre Seigneur à Sainct-Estienne.

SERA icy remarqué qu'en l'année 1653 Messieurs de Sainct-Estienne firent refaire les figures qui sont davant le cœur de leur esglise représentant la passion de Nostre-Seigneur et icelles peindre et dorer comme elles sont, ce qui fust faict aux frais de Messieurs Gassot et Heurtault chanoynes, qui du consentement du Chapistre employèrent l'argent à cet œuvre qui leur a cousté à faire leur festin au jour de la feste Dieu comme c'estoyt la coustume à celuy des chanoynes qui estoyt en tour de porter le Sainct-Sacrement de traicter ses confrères et fust l'œuvre accomply au moys de novembre 1654. En quoy sieurs Gassot et Heurtault firent mettre leurs armes au dessus des soldats qui gardoyent le tombeau avec celles de Monsieur Labbé doyen de l'esglise.

ANNÉE 1655

Esmotion populaire contre Messieurs les Maire et Eschevins.

APRÈS l'eslection des nouveaux Maire et Eschevins de l'année 1655, l'on chercha le moyen pour trouver argent pour sortir des grandes debtes auxquelles la ville estoyt engagée et de nouveau obligée de fournir au Roy 3,000 livres tournoys par an pour la confirmation des deniers d'octroy. Il fust tenu plusieurs assemblées sur ce subiect des trente deux et notables habitans qui résolurent que l'imposition du sol pour livre que la ville a droict de tenir sur le bled qui se vend en ceste ville par les marchands forains et qui avoyt esté délaissé despuys quelques années accause de la cherté du bled seroyt levé et que l'on doubleroyt le droict pour les entrées des marchandises.

Le jeudy 5 aoust 1655, Messieurs les Maire et Eschevins se transportèrent au marché pour faire lever ce droict. Le menu peuple murmura beaucoup et quelques femmes voullant jetter des pierres furent maltraictées. L'on commença à lever le droict.

Et le sabmedy suyvant 7 du moys d'aoust Messieurs de la Ville aprehendant une plus forte sedition prièrent Messieurs les cappitaines de les assister et se trouver à l'hostel de ville; quelques uns vinrent quelques aultres non: mesme peu de dixainiers; Messieurs de la Ville avec leurs officiers assistez desdicts cappitaines furent au marché, ou estant et voullant faire lever le droict les femmes crioyent aulcuns jettoyent des pierres dont on se paroyt le mieux que l'on pouvoyt et voyant que la sedition augmentoyt, l'on méditoyt de se retirer lorsqu'un homme jetta une pierre au sieur Monycault La Chaussée dont l'ayant attint, il s'esmut et prist la halbarde d'un dixainier dont il donna sur la teste de cet homme qui en tomba par terre, comme mort, dont le peuple s'esmut tellement qu'ils commencèrent à crier : « Tuë, tuë, poinct de quartier », et avec pierres et battons ferrez et aultres, se jettèrent sur Messieurs de la Ville et leurs assistans, en sorte qu'ils furent contraincts de sauver les uns d'un costé et les aultres de l'aultre chascun le mieux qu'il peult. Messieurs Bourdaloue, de La Creuzière et de La Chaussée Monycault furent investys dans les lieux où ils s'estoyent retirez. Monsieur Monycault sortit sans incommodité, Monsieur de La Creuzière bien blessé, d'un aultre costé Messieurs Beçueau, esleu, Le Large et Cresançay cappitaines furent suivys et fort maltraictez, le dict sieur Becueau blessé à la teste et en deux aultres lieux de coups d'halbarde et si ceulx de Messieurs de la Ville qui estoyent en liberté n'eussent promptement pourveu au secours des aultres, ils estoyent en péril de leurs personnes, Messieurs du Présidial et lieutenant criminel s'y transportèrent qui apprécièrent ce qu'il y avoyt de reste de la sedition.

Changement du marché de la place Bourbon au Poirier proche le Pallais.

L E mesme jour l'on assembla le conseil de la ville et tous les notables pour pourvoir à tels désordres. Il fust convenu que l'on informeroyt incessamment pardavant Monsieur le Lieutenant criminel contre les autheurs et complices de la sedition et d'aultant que le marché estoyt en un lieu très dangereux pour appuyer les seditieux, qu'il seroyt transféré au lieu ancien d'où il avoyt esté tiré, appelé le Poirier proche le Pallais, ce qui fust exécuté et dressé une potance audict marché du Pallais avec un pilory pour un carcan et le jeudy 12 aoust fust estably au dict lieu où Messieurs de la Ville se transportèrent avec un grand nombre des plus considérables habitans de la ville, armez de fusils et halbardes et le droict levé sans qu'il parust aucune entreprise pour empescher, résolus de continuer d'y aller avec pareille assistance jusqu'à ce que le droict fust bien estably. Ce qui fust faict sans opposition et le dict droit affermé aux baux de la Sainct-Michel suyvant à la somme de 1610 livres tournoys.

Par jugement dernier trois des seditieux furent fauchez par la main du bourreau et d'aultres bannys et condamnez à les assister et à demander pardon à Messieurs les Maire et Eschevins qui n'estant pas sattisfaicts de ce jugement ne voullurent point rescevoir les dicts accusez en pardon et furent eslargis.

Quelques jours après la ville resceut une lettre de cachet du Roy portant commandement d'oster le marché de davant sa maison et de le remettre au lieu où il estoyt ce qui fust accompagné d'une lettre de Monsieur le mareschal de Clérambault goubverneur de la province qui tesmoigna beaucoup de chaleur en ceste rencontre, disant qu'il estoyt meséant que le marché fust devant la maison du Roy qu'il debvoyt bientôt habiter et qu'il ne le souffriroyt poinct, et escrivoyt aultres menaces qui obligea le Conseil de Ville de despescher Monsieur Monycault eschevin pour l'aller trouver à Paris et luy remontrer la conséquence de ce changement ce qui fust faict et le dict sieur Monycault rapporta toute bienveillance de Monsieur le Goubverneur mais qu'il falloyt changer ce marché et le mettre en une aultre place de la ville telle que l'on jugeroyt la plus commode. de faict que l'on transporta le marché au bled en la place de la Croix de Pierre proche Sainct-Pierre le Marché ce qui s'est trouvé mauvais par plusieurs habitans voysins qui en recognoissoyent grandes incommoditez et y demeura pendant quelques moys puis restably en son lieu ordinaire.

Arrivée à Bourges de Monsieur le mareschal de Clérambault goubverneur de Berry.

APRÈS une longue attente de l'arrivée de Monsieur le Goubverneur de Berry Messire Phylippes de Clérambault comte de Palleau et de Lysle et mareschal de France, enfin la nouvelle de sa venüe fust apportée en l'hostel de ville par le sieur baron d'Yvoisiere son secrétaire, le mercredy premier jour de descembre 1655, qui portoyt que le dict jour Monsieur le Goubverneur debvoit arriver à Sully et Messieurs les Maire et Eschevins assemblèrent Messieurs les Cappitaines de la ville et conclurent avec eulx que l'Eschevin du quartier Sainct-Privé par où Monsieur le Goubverneur debvoyt entrer se transporteroyt à Aubigny avec quatre notables de la ville pour luy aller faire des offres de services et le complimenter au cas requis.

Le lendemain jeudy Monsieur l'Eschevin accompagné de quatre dont j'estoys du nombre, partit pour aller à Aubigny par un temps très fascheux; nous apprismes par le chemin qu'il avoyt couché à Aubigny ceste nuict là et qu'il en debvoyt partir le mesme jour jeudy ce qui nous obligea de prendre nostre chemin par Yvoy pensant le trouver à la rencontre ; arrivez que nous fusmes à Yvoy nous apprismes qu'il estoyt passé du costé d'Henrichemont nous poussasmes jusqu'à Henrichemont où estant arrivez nous le trouvasmes party et qu'il tiroyt du costé des Aix pour aller coucher au chasteau du Préau qui lui avoyt esté offert par Monsieur Chabenat de Savigny. Nous fusmes coucher aux Aix et le lendemain nous le fusmes trouver audict lieu du Préau où estant arrivez nous apprismes que Messieurs les Desputez de Bourges y estoyent venus et l'avoyent veu dès le soir. Nous luy fismes nos complimens au cas requis et nous fist tout le bon visage que nous pouvions espérer et nous dict qu'il voulloyt entrer le mesme jour dans la ville ce qui nous obligea de partir promptement pour donner les ordres nécessaires.

Et le dict jour de vendredy IIIe de descembre il partit du Préau et arriva à Bourges à troys heures après midy davant un temps fort favorable pour la saison, Monsieur de Duverjon père cappitaine de Bourbonnou luy fust au davant avec bon nombre de cavallerie composée des habitans les plus considérables ; les aultres cappitaines avec leurs compagnies le furent rescevoir à la porte et Messieurs de la Ville avec leurs officiers revestus de leurs robbes consulaires l'attendirent et le resceurent à la barrière de la porte et les voyant, Monsieur le Goubverneur descendit de cheval pour rescevoir la harangue que leur fist Monsieur Foucault sieur de Chambon maire laquelle estoyt très bien faicte et fust bien prononcée et bien resceue par Monsieur le Goubverneur qui asseura la Ville de ses bonnes volontez et assistances dans toutes les occasions.

Il entra dans la ville suivy de toute la cavallerie et de Messieurs de la Ville en carrosse et fust conduit en l'esglise Sainct-Étienne où il fust resceu et complimenté par Monsieur Foucault plus ancien chanoyne accause de l'absence des dignitez et de la maladye mortelle de Monsieur l'Abbé doyen. Le *Te Deum* fust chanté et luy conduict devant le grand autel où il fust à genoux durant le *Te Deum* lequel finy il fust conduict par Messieurs les Maire et Eschevins au logis du Roy où toutes les compagnies le vindrent saluer et haranguer et Messieurs les

Cappitaines vindrent faire monstre de leurs compagnies qui luy firent la salve dont il tesmoigna une grande sattisfaction. Monsieur le Goubverneur avoyt très peu de monde à sa suitte. Le mesme jour Messieurs de la Ville luy firent présent de six bassins de confitures, grand nombre de bouteilles de vin, qu'il resceut avec agrément et le soir après souper Monsieur le Maire avec deux de Messieurs les Eschevins lui furent porter les clefs des portes qu'il remist et remercia Messieurs de tant d'honneur et de soings qu'ils avoyent pour luy.

Le vendredy suyvant dixiesme de descembre, il vint faire enregistrer les lettres de bailly de Berry et goubverneur de la province et siégea en qualité de bailly de Berry. L'on lui avoyt demandé pour moy ses lettres pour les presenter mais l'on l'avoyt prévenu à Paris pour Monsieur Gisles Auger qui les présenta et qui ne réussyt pas bien dans son panegyricque dont Monsieur le Goubverneur fust mal sattisfaict; à la mesme audiance, j'eus l'honneur de pleider une cause en sa présence pour la ville que je gaignay avec aplaudissemens de la compagnie.

Le mardy suivant 14 descembre Messieurs de la Ville traictèrent en l'hostel de ville avec grand appareil Monsieur le Goubverneur. Il n'y fust appelé que Messieurs les Cappitaines avec le Corps de ville et les Officiers dont aulcun estoyent mécontens. Il amena huict personnes avec luy.

Il partit de Bourges le 20 febvrier 1656.

ANNÉE 1656

Grand Jubilé.

Le lundy 27 mars 1656 a esté ouvert le grand jubilé envoyé par Nostre Sainct Père le Pape Alexandre VII pour l'esloignement des Turcs du christianisme et en faveur de son heureuse promotion au Pontificat qui en donna encores un en l'année 1657 pour le but de la paix.

ANNÉE 1657

Chapistre provincial des PP. Jacobins.

LE dimanche 22 april 1657 le chapistre provincial des PP. Jacobins a esté faict en ceste ville où il s'est réuny cent cinquante Pères des plus célèbres de l'Ordre qui ont employé quinze jours au dict chapistre pendant lesquels ils ont entretenu le peuple de plusieurs belles prédications, des plus grands hommes de leur Ordre et des desputez en théologie des plus habiles de leurs théologiens dont tous les gens d'honneur de la ville ont esté fort sattisfaicts. Le dimanche 29 april, ils allèrent tous en procession dans l'esglise de Sainct-Estienne ce qui estoyt beau à veoir et retournèrent dans leur convent en bel ordre. Le dict chapistre avoyt esté célébré à Bourges en l'année 1602. Ils desdièrent des thèses à Messieurs de Sainct-Estienne, à Messieurs de l'Université et à Messieurs de la Ville qui tous contribuèrent aux frais du dict chapistre.

ANNÉE 1658

Feu de ioye pour la Sainct-Jehan et la prise de Donquerque.

L'ARRIVÉE de Monsieur le Goubverneur, on le fust prier de venir mettre le feu au buchet dressé pour la feste de Sainct-Jehan dont il s'excusa.

Et le mardy suyvant 24 juing il se chanta un *Te Deum* et fust faict feu de ioye pour une bataille gaignée à Donquerque sur les ennemys où Monsieur le Goubverneur assista et mist le feu au buchet d'un flambeau qui luy fust présenté par Monsieur le Maire.

Il n'y eust aulcun habitant en armes par l'ordre de Monsieur le Goubverneur qui se desfioyt des peuples qui paroissoyent esmus par l'exemple des seditieux de Soulogne qui refusoyent la taille au Roy dont suivy beaucoup de désordres qu'il pensoyt appoiser par sa présence.

Feu de ioye pour la prise de Gravelines.

LE dimanche 15 septembre 1658, sur l'advis donné par Madame la mareschale de Clérambault de la bouche de Monsieur le Goubverneur son mary, de la lettre et ordre du Roy de faire *Te Deum* et feu de ioye pour l'heureux succès de ses armes en la prise de Gravelines, Messieurs les Maire et Eschevins ayant donné l'advis au Grand Vicaire de Monseigneur l'Archevesque qui ne voullust faire chanter le *Te Deum*, les dicts sieurs Maire et Eschevins se trouvèrent indignez de ce que le Grand Vicaire ayant eu advis par moy advocat de la ville de la réception de la lettre, il envoya faire response à Monsieur le Maire par son laquais ce qui les obligea de prier les RR. PP. Carmes et de laisser l'ordre accoutumé.

Il fust délibéré de le faire chanter en l'esglise des Carmes, dont ayant esté advertys ils promirent de le faire et l'on donna ordre à la convocation de trente-deux Conseillers de Ville et de Messieurs du Présidial et à faire le buchet et conduire les canons en la place publicque. Mais sur l'heure de troys heures après midy les dicts PP. Carmes vinrent en l'hostel de ville advertir que le Grand Vicaire leur avoyt faict deffense de chanter le *Te Deum* et ne pouvoyent aller au-dessus de ses ordres, ce qui obligea Messieurs de la Ville d'en dresser acte pour leur descharge, qui fust signé par le P. Prieur des Carmes et se transportèrent en la place pour mettre le feu au buchet et le canon tirant il arriva par imprudence du canonnier qui avoyt trop chargé les canons que deux d'iceulx crevèrent dont l'esclat d'un tua un pauvre homme qu'estoyt derrière Messieurs de la Ville, dont ils furent fort estonnez et eurent subiect de remercier Dieu de ce que le coup n'estoyt tombé sur aulcun d'eulx; de ma part j'en ay eu de grand subiect, deux aultres hommes furent blessez.

ANNÉE 1659

Pour la nomination des Maires et Eschevins.

SERA icy rapporté que la Sainct-Pierre jour de l'eslection des Maire et Eschevins arrivant, Monsieur Gayault maire voullant faire le sieur de Boissouldy, conseiller au Présidial, son gendre, eschevin pour le quartier d'Oron et le sieur Estolin aussy conseiller garde des sceaux le voullant estre et se sentant appuyé de la faveur du sieur Gabriel Desfriches Daubilly [1] eschevin sortant du quartier *d'Oron*, le dimanche davant la Sainct-Pierre 22 juing 1659 il se fist de grandes brigues pour la nomination de deux Conseillers, spéciallement au quartier du dict Oron dans lequel il fust donné plusieurs billets

---

[1] Conseiller du Roy, lieutenant à la Prévosté sieur Daubilly.

portant le nom des personnes que chascun party demandoyt pour trente-deux. Ce qui donna subiect à une rixe dans le cloistre des Carmes et place et davant l'esglise entre le dict Maire et Daubilly qui se dirent plusieurs iniures de part et d'aultre sans qu'aulcune personne parvienne à les appoiser, sauf que je les conduisis chascun dans leur maison taschant d'appoiser leur cholère et l'assemblée pour les trente-deux finye. Monsieur le Maire ayant obtenu les personnes qui luy estoyent favorables, le party contraire ne quitta poinct prise et attira plusieurs des notables habitans qui joignirent une requeste d'eulx signée au procès-verbal faict par le sieur Daubilly des monopolles et brigues prétendūes faictes par le sieur Maire et ses adhérens qui tendoyt à nouvelle nomination des trente-deux Conseillers.

Or le jour de Sainct-Pierre estant arrivé l'assemblée faicte en l'hostel de ville, le dict sieur Estolin se présenta, forma son opposition à la nomination qui pourroyt estre faicte du dict sieur de Boissouldy, fondée sur ce qu'il n'estoyt pas habitant de Bourges despuys dix ans au désir de la patente qui exclut de l'eschevinage ceulx qui qui n'ont pas le temps de demeure dans la ville; le dict sieur de Boissouldy se deffendit bien et fist veoir par bonnes raisons que quoyqu'il n'y eust pas dix ans despuys son mariage, néantmoins ayant auparavant demeuré dans la ville pendant deux ans et que bien d'avance il estoyt resté habitant ceste opposition fust suivye de la requeste des dicts notables présentée par Poubeau et qui se plaignoyt des monopolles faicts et demandoyt une nouvelle assemblée.

Messieurs les Gens du Roy parlèrent sur ceste proposition et Monsieur le Procureur du Roy après la parolle portée par la bouche de Monsieur Gougnon 1er advocat de Sa Maiesté conclut que la nomination des trente-deux Conseillers n'ayant pas esté faicte dans les formes, mais par brigues et monopolles il n'y avoyt poinct de trente-deux Conseillers.

Sur quoy Monsieur le Lieutenant général qui estoyt présent donna lettre de Monsieur le mareschal de Clérambault, goubverneur de la province qui demandoyt pour Maire Monsieur Le Bègue président ou Monsieur Petit conseiller au Présidial et sachant d'ailleurs que toutes les voyes pour le maire tomboyent sur le sieur Hodeau dont il ne pouvoyt souffrir la nomination au préiudice des sus nommés, oultre quelque adversion particulière qu'il avoyt contre luy, prononça sur les conclusions du parquet et dict que l'on se pourvoiroyt pardavant le Roy pour la nomination des nouveaux Maire et Eschevins et jusques à ce que les anciens demeureroyent et l'assemblée fust rompue sans aultre cérémonye ny sans qu'aulcune personne ne réclamast d'une seulle parolle, au grand mécontentement du dict sieur Hodeau dont les adhérens eurent bien peu de cœur de ne rien repartir en ceste occasion, qui donnoyt grand advantage audict sieur Lieutenant général pour en user de la sorte en une aultre occasion.

Le lendemain lundy 30 juing assemblée fust faicte en l'hostel de ville des Conseillers trente-deux qui résolurent d'informer Monsieur le Goubverneur de ceste affaire et desputèrent vers luy à Poictiers où il estoyt les sieurs Bigot conseiller et Desormeaux eschevin de Sainct-Privé.

Le mercredy 9 juillet les desputez estant arrivez vindrent en l'hostel de ville présenter à Messieurs les Maire et Eschevins la lettre de Monsieur le Mareschal escripte de Poictiers le 7 du dict moys qui demandoyt pour Maire Monsieur Le Bègue président et les sieurs de Boissouldy et Desormeaux pour eschevins et pour y parvenir plus facilement sans toucher aux privilèges demandoyt que les trente-deux Conseillers nouveaux eussent à s'assembler, convertir et signer la nomination des dessus dicts et luy envoyer sur quoy il feroyt desclarer un arrest de confirmation.

L'assemblée fust tenüe les 12 et 13 suyvant, des notables et Conseillers de ville qui résolurent que les trente-deux Conseillers seroyent assemblez pour en deslibérer, mais le lundy 13 du courant il fust signifié au greffe de la ville une ordonnance de Monsieur le Lieutenant général rendüe sur le réquisitoire du Procureur du Roy portant cassation des assemblées cy-dessus et deffenses de s'assembler sur faict et la nomination des Maire et Eschevins à peyne de 500 livres contre chascun contrevenant leüe, publyée et affichée aux carrefours et maison commune de la ville au grand mespris de l'aucthorité de Monsieur le Goubverneur et de la ville qui ayant assemblé les notables sur ce subiect fust deslibéré d'envoyer le tout à Monsieur le Goubverneur pour en informer le Roy, ce qui fust faict le 19 juillet 1659.

Et le jeudy 28 aoust suyvant en conséquence d'une lettre de cachet envoyée par Monsieur le Goubverneur furent esleus en conformité des volontez de Sa Maiesté Monsieur le président Le Bègue maire et eschevins Messieurs de Boissouldy et Desormeaux.

L'assemblée fust présidée par Monsieur le Lieutenant particulier au reffus de Monsieur le Lieutenant général, qui estant venu dans l'assemblée se retira sans en conclure.

Sacrilège commis en l'esglise de Sainct-Estienne.

LE mercredy 6 aoust 1659 furent surpris dans l'esglise de Sainct-Estienne au bas de la chaire du prédicateur un jeune homme tailleur d'habits et une fille qui commettoyent le péché de fornication, accompagnez d'une aultre fille qui faisoyt le gué. Ils furent saisis et leur procès faict par le juge du cloistre et desclarez attins et convaincus de sacrilège par eulx commis pour réparation de quoy ils furent tous trois condamnez à faire amende honorable davant l'esglise nuds en chemise, la torche ardente au poind, la corde au col, de là conduicts par l'exécuteur de la haulte justice à chascune des grandes portes du cloistre pour estre fustigez, puis ramenez au lieu à faire justice, où ils seront flestris de la marque de l'esglise aux deux espaules les filles sur chascune une, puis razez et attachez au carcan pour y demeurer durant troys heures et condamnez en 100 livres d'amende et bannys.

Ce qui fust exécuté le vendredy 20 aoust *multis reclamantibus*, que la peyne debvoyt estre, d'estre pendus et bruslez; j'estoys un des juges, je demande pardon à Dieu si le dict jugement n'a esté selon son désir et pour sa gloire.

Ceste action causa un grand scandal en ce que l'esglise desmeura interdicte et poluée. Pourquoy le jour du jugement du procès qui fust le jeudy 21 aoust Messieurs de l'Esglise assemblez processionnellement au son de toutes les cloches relevèrent le Sainct-Sacrement de l'esglise et le portèrent à Sainct-Ursin ce qui causa un grand deuil à toute la ville et l'esglise desmeura tousiours fermée sans que messes ny services se disent et Messieurs de Beaujeu et Le Large chanoyne de l'esglise furent desputez pour aller trouver Monseigneur l'Archevesque et le pryer de venir pour la réconcilier.

Nouvelle bénédiction de l'esglise. — Et le dimanche dernier d'aoust, Monseigneur l'Archevesque venu exprès fist la cérémonye de la bénédiction de l'esglise, les portes desmeurant fermées et furent ouvertes lorsque l'on voullust commencer la messe qui fust célébrée pontificallement par Monseigneur l'Archevesque qui ordonna un jeusne de deux jours, vendredy et sabmedy précédent et le mesme jour de dimanche l'on fist procession géneralle où tous les Corps de la ville se trouvèrent mesme Messieurs les Maire et Eschevins en robbes consulaires et Monseigneur l'Archevesque porta le Sainct-Sacrement despuys l'esglise de Sainct-Ursin passant par la porte Gourdaine et remontant jusques à Sainct-Estienne.

Continuation de ce qui s'est passé pour l'eslection des Maire et Eschevins.

LE mercredy 23 septembre Monsieur Biet Lieutenant général ayant resceu une lettre de cachet de la part du Roy sur les remonstrances que lui avoyt faictes de ce que l'on avoyt passé à la nomination et prestation de serment des Maire et Eschevins le 28 aoust précédent, vint en maison de ville avec Monsieur le Procureur du Roy et quelques habitans pour suyvant'la dicte lettre procéder à un nouveau serment des dicts sieurs esleus lesquels ne se trouvèrent en maison de ville et ordonnèrent la fermeture des portes dont le dict sieur Lieutenant général dressa son procès verbal, qu'il envoya au Roy avec la signification de la lettre aux dicts sieurs Maire et Eschevins et deffenses de s'immiscer en la function des charges dont ils informèrent Monsieur le Goubverneur par homme exprès envoyé à Bourdeaux. Ensuitte de quoy vint une lettre du Roy qui aprouva la nomination faicte des dicts sieurs Maire et Eschevins et blasma le procédé de Monsieur le Lieutenant général et loua celuy de Monsieur le Lieutenant particulier dont le dict sieur Biet resceut une grande confusion.

ANNÉE 1660

Mariage du roy Loys XIVe.

Au moys de juing en suyvant, 1660, fust faict et *consumé* le mariage du Roy avec l'Infante d'Espagne à Sainct-Jehan de Lutz où le Roy d'Espagne se trouva avec toute sa cour et la Royne fust amenée en France et fist son entrée célèbre en la ville de Paris le 26 aoust ce qui se fist avec une pompe royalle.

ANNÉE 1661

Mort du cardinal Mazarin.

L E mercredy 9 mars 1661 mourust au boys de Vincennes près Paris le grand cardinal Jul Mazarin, la merveille de son temps, grand ministre d'Estat, beaucoup regreté du Roy et de toute la Cour. Riche de 200,000,000 de livres pris sur les peuples, il a faict reigner le Roy glorieusement, mais a bien ruyné le peuple. Dieu luy donne ce qu'il a mérité de luy.

Naissance de Monsieur le Daulphin.

L E premier jour de novembre 1661 jour de la feste de tous les saincts, la Royne est accouschée de Monsieur le Daulphin, en la maison royalle de Fontainebleau dont la nouvelle a esté resceue en ceste ville le sabmedy cinquiesme du dict moys par courrier exprès avec ordre de chanter un *Te Deum* et de faire des réiouissances publicques, ce qui fust faict le dimanche 13 en suyvant avec beaucoup d'aplaudissemens. Messieurs de la Ville firent donner au courrier xx escus d'or.

ANNÉE 1662

Cherté des bleds.

CESTE année 1662, le bled a esté extresmement cher et les pauvres dans une disette extresme en ceste province, et plusieurs aultres de ce royaulme; contraincts de manger des herbes et racines, mesme les bestiaux qui se mouroyent. Le bled valloyt 16 livres le boysseau.

Aulmosnes des Dames de la Charité de Paris.

LES Dames de la Charité de Paris envoyèrent en ceste province des Frères de la Mission de Sainct-Lazare de Paris qui allèrent dans les parroisses de la campagne et suyvant la nécessité qu'ils cognoissoyent, faisoyent des aulmosnes d'argent pain et sel ce qui a beaucoup soullagé les pauvres peysans. J'ay appris par un

des frères nommé Alexandre qui desmeu
logis de Monsieur Le Large chanoyne m
que la distribution faicte dans la provinc
toyt à 20,000 livres et Messieurs de l
firent un compliment de remercîment
Dames qui est dans mes mémoires.

ANNÉE 1663

Nomination de Messieurs les Maire et Eschevins

LE jour de Sainct-Pierre de cest année procédant à l'eslection de Maire et Eschevins il y eust une brigue faicte par laquelle l'on déposséda Monsieur Petit du Mairat y davant estre encores un an suyvant l'ancien ordre estably. Les Eschevins des quartiers de Bourbonnou et de Sainct-Sulpice qui debvoyent continuer et me conservant mon mandat d'advocat de la ville, se firent nommer le sieur Hodeau pour maire, Bonnet et Lagrigossaine pour eschevins, La Thaumassière pour advocat de ville. Mais ceste eslection fust cassée par arrest du Conseil et nous restablys et le dict sieur Hodeau interdict pour dix ans d'entrer dans les charges publicques. L'arrest exécuté par Monsieur de Fortin intendant et le dict sieur Hodeau estant allé à Paris pour parler au Roy et faire lever ceste interdiction y séiourna huict moys et enfin l'obtint par le consentement de Monsieur le Goubverneur.

Le Roy prend les droicts du treiziesme sur le vin à la ville.

En ceste mesme année 1663 le Roy osta à la ville et s'appropria le droict de treiziesme sur le vin vandu en destail dont la ville jouissoyt pour l'acquittement de ses debtes et charges de la ville; dont les créanciers ont resceu grand préiudice et la ville grande perte et quoy qu'on aye peu faire il a esté impossible de retirer ce droict des mains du Roy.

ANNÉE 1664

Le Roy ayant pris le droict du treiziesme et augmenté la ville despuys d'un nouveau cent, Sa Maiesté veult en oultre que ses fermiers introduysent de nouveaux droicts sur le vin dont le peuple est fort irrité et impatient.

Esmotion populaire sur une imposition nouvelle que l'on voulloyt mettre sur le vin.

Le dimanche XVIII may, Messieurs de la Ville ayant faict convocquer une assemblée pour deslibérer sur les poursuittes que les traictans des Aydes qui jouissoyent du trézin, faisoyent pour establyr de nouveaux droicts sur ceulx qui vandent vin en destail qui revenoyent à 40 sols par poinsson, la populace en grand nombre s'assembla en l'hostel de ville, dont les Maire et Eschevins et notables assemblez ayant eu advis sortyrent hors la chambre du Conseil, excitèrent le peuple à se retirer qui résista et dict qu'il ne souffriroyt pas l'establissement des nouveaux droicts, que le Maire et les Eschevins y consentoyent, que le Maire et un Eschevin avoyent resceu argent pour y ce faire, l'on leur promist qu'il n'y auroyt pas augmentation et est on contrainct de le faire publyer à son de trompe. Pendant que l'on est dans cet embarras, l'on vient donner advis à l'hostel de ville que le logis de Guichard commis à levée et perception des droicts estoyt investy. Messieurs de la Ville, officiers et notables y accourent. L'on trouve le cimetière de Sainct-Jehan des Champs rempli de populace qui tenoyent la maison du sieur Curé investye disant que l'un des maltôtiers y estoyt entré, chascun travaille à esloigner ces gens, ils s'oppiniastrent plus fort, veullent escalader ceste maison. Cependant le dict Guichard et ses commis se sauvent par dessus les maisons voysines et le dict sieur Curé aprehendant le pillage de sa maison oblige celuy qui estoyt dedans de sortir. Il saulte par dessus une muraille de la maison voysine où estant il est repoussé et jeté hors par le propriétaire, la foule court sur luy et il est accablé de la multitude.

battu et excédé outrageusement. Monsieur le Maire et aultres accoururent à son secours, le tirent des mains des seditieux, le poussent et l'enferment dans l'esglise de Sainct-Jehan des Champs que le peuple investyt et tint assiégée le voullant avoir pour le deschirer. On résiste aultant qu'il est possible. Messieurs du Présidial viennent en corps, l'on perd le respect pour eulx et le peuple s'eschauffe de plus en plus et viennent de toutes parts au bruict. Monsieur Petit maire tient bon, résiste aultant qu'il peult à l'oppiniastreté de ces gens là qui avoyt commencé sur les dix heures du matin et continuoyt de la manière que sur les cinq à six heures du soir il fust concerté et résolu que l'on enverroyt quérir le Prévost des mareschaulx avec ses archers, lesquels vindrent bien armez et tous ensemble desmeurez d'accord que l'on sortiroyt le prisonnier de l'esglise pour le conduyre aux prisons royalles.

Ce conseil pris l'on met le prisonnier hors l'esglise, qui se trouva estre un archer du grand Prévost de l'hostel qui estoyt venu avec un sien compagnon, pour appuyer le maltôtier. Le peuple le veult oster des mains du Prévost. On luy commande de se retirer. Il s'oppiniastre de sorte que le sieur de Montillet qui commandoyt la compagnie commanda de tirer contre les oppiniastres qui jettoyent des pierres. Les archers obéïssent et font une descharge dont troys ou quatre personnes estant desmeurez sur la place blessez, les aultres s'escartent et cependant l'on conduict l'homme aux prisons royalles.

Ceste conduicte faicte le peuple s'eschauffe de nouveau, cryent aux armes, courent en leurs maisons pour les prendre, reviennent sur la place Sainct-Pierre, demandent les mutins faicts prisonniers, menacent de mettre le feu, font des flambeaux de paille. Pour ce subiect les magistrats deslibèrent et concluent de rendre les prisonniers la nuict. Comme chascun se retire, l'on ordonne des patrouilles pour la nuict et la sedition s'apaise.

L'on tient conseil de ville où il est desliberé que l'on desputera au Roy et à Monsieur le mareschal de Clerambault goubverneur, Monsieur Le Bloy eschevin de Sainct-Sulpice est envoyé qui passa à Fontainebleau où n'ayant trouvé Monsieur le Goubverneur poussa jusques à Paris luy présenter ses lettres et procès-verbaux de ce qui s'estoyt passé, dont il tesmoigna beaucoup de desplesir, renvoye le dict sieur Le Bloy à Fontainebleau qui ayant veu le Roy et ne luy voullant parler le renvoye à son ministre Monsieur de Colbert qui faict grandes menaces, et enfin renvoye le dict sieur Le Bloy luy disant que l'on donneroyt commission à l'Intendant de la Justice pour informer de ce qui s'estoyt passé, en instruire le Conseil pour deslibérer de ce qu'il y auroyt à faire.

Le VI juing en suyvant arriva en ceste ville Monsieur Pomereuil maistre des requestes, président au grand Conseil, Intendant de justice au lieu de Monsieur de Fortin qui prist cognoissance de l'esmotion, manda Messieurs du Présidial et leur commanda de la part du Roy de faire le procès aux seditieux. Ils s'y employèrent sy bien que le lundy suyvant deux furent faicts prisonniers et leur procèz fust faict et parfaict le lendemain, l'un condamné à estre pendu et estranglé qui fust exécuté devant la prison et l'aultre aux gallaires prys et envoyé par le dict Intendant et ceste exécution fust faicte sans aulcun bruict ny tumulte, ce qui osbligea plusieurs des seditieux de sortir hors la ville par crainte d'estre prys.

Ensuitte l'Intendant escrivit au Conseil qui

tesmoigna estre sattisfaict de ceste obéïssance et voullust que le droict nouveau sur le vin fust estably et tout ce que l'on pust gaigner fust que de 4 livres 2 sols à quoy se montoyent les nouveaux droits sur chascun thonneau de vin ils furent réduicts à 34 sols sur les particuliers habitans vandant vin et les hostes et cabarestiers asubiectis à tous les droicts et Guichard commis revint qui leva les droicts au grand préiudice du public et contre la parolle du dict sieur Pomereuil qui avoyt faict croire que les habitans en seroyent exempts et le tout remis sur les hostes et cabarestiers.

ANNÉE 1665

Comette.

Au moys d'avril de ceste année a paru une comette grande et chevelüe dont les rez montoyent en ault, qui avoit aussy paru au moys de novembre et decembre de l'année précédente. Les astrologues disoyent qu'elle pronostiquoit un grand désordre sur les corps des hommes et sur les biens de la terre.

Maltôtes diverses.

Il il y a eu plusieurs sortes de maltôtes qui ont esté demandées premièrement sur ceulx qui auroyent pris indeüment la qualité d'escuyer, qui ont esté taxez chascun à 2,000 livres ce qui a esté général dans le royaulme. Le commis de ceste généralité s'appeloit Mouton qui après avoir obtenu des arrests de condamnation contre plusieurs, le Roy eust la bonté de rendre sa desclaration portant surséance à l'exécution de son édict ce qui mit les intéressez en repos.

Le mesme Mouton avoit à recouvrer sur tous ceulx qui avoyent manié les desniers du Roy ou jouy de ses fermes les revenants bons qui sont desniers tenus en souffrance à la Chambre des comptes pour quoy les vivans et les héritiers des deffuncts estoyent fort poursuivis.

Establissement des Grands Jours.

Ensuitte arriva la desclaration du Roy pour l'establissement d'une Chambre appelée les *Grands Jours* composée d'un Président et Conseillers de la cour de Parlement de Paris qui fust envoyée pour tenir sa séance en la ville de Clermont en Auvergne, qui avoit cognoissance de toutes les affaires civiles et criminelles de ses provinces d'Auvergne, Berry, Limosin et autres qui y estoyent appelez pour estre jugez souverainement.

Il fust envoyé dans ceste ville de la part de

ceste Chambre souveraine un réglemant pour le faict de la justice qui apportoit beaucoup de changement tant contre les juges que greffiers.

Il fust aussy publyé quelque temps après, un arrest de la dicte Chambre souveraine portant réglemant sur la pollice de l'Esglise et des ecclésiastins enjoignant spéciallement à ceulx qui avoyent des bénéfices incompatibles comme cure et canonicat ou deux canonicats de se descharger d'un dans un moys du jour de la publication à deffault de quoy desclaroit le premier dont le titulaire estoyt pourveu impétrable, ce qui mist les bénéficiers fort en peyne. Messieurs de Sainct-Estienne desputèrent à Paris Monsieur Le Large chanoine mon frère pour voir ce qu'il y auroit à faire et solliciter au Conseil privé la cassation de cet arrest.

Les dicts Grands Jours furent levez le dernier janvier 1666 que Messieurs se retirèrent à Paris où ils renvoyèrent tous les procèz civills et criminels commencez pour estre jugez et définis; les dicts Grands Jours fisrent beaucoup plus de bruit et donnèrent plus d'aprehention que de mal.

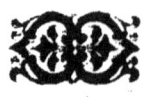

ANNÉE 1666

Mort de la royne mère Anne d'Austriche.

LE 20 janvier 1666 est morte dans le chasteau du Louvre à Paris, Anne Marye d'Autriche Royne mère du Roy Loys XIV, quelques moys après le déceds de Phillippes roy d'Espagne son frère. Cette Princesse fust fort regretée de tous les peuples. Le Roy luy ordonna des pompes funesbres extraordinaires dignes de sa grandeur.

Monseigneur l'Archevesque de Bourges envoya à ses grands vicaires l'ordre pour célébrer des services solemnels pour prier Dieu pour son ame ce qui fust exécuté les lundy et mardy 15 et 16 febvrier en suivant avec aultant de pompe et d'appareil qu'il fust possible tous les Corps assemblez et Messieurs les Maire et Eschevins en robbes de livrée.

Cette bonne Princesse fust longtemps malade d'un cancer, qui la rongea contre tous les remèdes que les plus habils médecins du royaulme et pays estrangers purent invanter et

Monseigneur l'Évesque d'Ambrun son premier ausmonier luy portant la parolle de sa mort, elle luy dist qu'elle s'estoit tousiours bien persuadée de mourir, mais qu'elle n'avoit jamais creu devoir pourir auparavant que de mourir. Ce cancer luy avoit tout consumé les partyes du corps. Le R. P. Pelletier recteur du colège des PP. Jésuistes fist l'oraison funebre avec grande éloquence.

Arrivée de Monseigneur l'archevesque de Montpezat.

LE mardy xi may Monseigneur l'archevesque de Bourges Jehan de Montpezat de Carbon est arivé en cette ville après une longue attente et le lendemain mercredy se mist en possession en la forme ordinaire cy-dessus descritte où il y avoit un nombre infiny de peuple. Le siège a vacqué quatre ans durant lesquels Monsieur Le Large chanoine de l'esglise Sainct-Estienne, mon frère, exerça la charge d'official au nom du Chapître, de laquelle il fust desmis par Monsieur l'Archevesque qui la vendist au sieur de Pesselière chancelier quatre cents livres tournoys.

Cérémonye pour la canonisation de sainct Françoys de Salles.

Le dimanche XVI° may l'on commença la cérémonye de la canonization de sainct François de Sales par une procession géralle qui fust de Sainct-Estienne en l'esglise des religieuses de la Visitation. Tout le clergé conduit par Monseigneur l'Archevesque, le tout en grande pompe qui dit la messe pontificallement. Le lundy à l'ouverture il donna des indulgences qui durèrent huict jours avec des cérémonyes et dispenses grandes. Tout le peuple de la province y accourut et par l'intercession de ce bon sainct il se fist plusieurs miracles. J'en ressentis un grand secours en mon particulier, dans une maladie qui me tenoit, il y avoit plus de trois moys dont je suis entièrement guéry dont je louë et remercye Dieu et le bon sainct. Monseigneur l'Archevesque fist la cérémonye de l'Octave.

ANNÉE 1667

Fruicts de la paix.

DESPUYS 1660 jusques à présent 1667, le peuple espérant jouyr des fruicts de la paix faicte en 1660 s'est trouvé bien trompé, car l'on a demandé de l'argent à tout le monde, officiers supprimez, mal remboursez, financiers recherchez par une chambre de Justice qui ayant faict des taxes sur eulx, ils se sont rendus traictans de ces taxes et ont reietté la plus grande part sur de pauvres misérables pour avoir faict valloir les fermes des villes et communaultez pour quoy ont esté exercées des vexations estranges.

Révocation des privilèges de noblesse aux villes[1].

En ceste année 1667, le Roy revocqua tous les privilèges de noblesse accordez aux villes et confirma ceulx qui avoyent esté faicts aux nobles en payant finances par ceulx qui avoyent acquis le tiltre despuys 900 livres. Pour quoy Messieurs de ceste Ville desputèrent en Cour les sieurs de La Thaumassière eschevin et Becueau eslu qui parlèrent au Roy et luy remonstrèrent les services rendus par la ville, en considération de quoy il confirma les nobles sans taxe, réduisit la noblesse au Maire seul, qui ne pourroyt estre esleu maire, qu'il n'eust esté eschevin et seroyt quatre ans durant Maire sans se pouvoir servir du privilège de noblesse sortant de la ville, mais bien ses enfants après sa mort.

---

[1] Icelle restablye par arrest du Conseil 1673 et patente 1674.

ANNÉE 1669

Honneurs faicts au corps de M. le cardinal de Vendosme.

Le sabmedy 5 octobre 1669 fust conduict et passa par Bourges, le corps de Monseigneur le cardinal duc de Vendosme, de la ville d'Aix en Provence, où il trépassa au moys d'aoust précédent, ville principalle de la Province dont il estoit goubverneur. Le chariot où estoyt le cercueil estoit tiré par six chevaux gris caparasonnez de noir à une croix de thoille d'argent passant sur le tout et le chariot couvert d'un grand drap de mort de mesme, suivy d'un carrosse en deuil avec six chevaux gris de troys aultres carrosses et de plusieurs officiers de sa maison à cheval et douze gardes vestus de cazaques bleues à la croix d'argent.

Le corps fust conduict en ceste pompe en l'esglise Sainct-Estienne, là solemnellement resceu par Monsieur Doyen chanoyne et le Chapitre et processionnellement porté de la nef dans le cœur sous un dais de velour noir aux armes du deffunct (qui sont de France à la bande de gueule chargée de 3 alérions d'or) deux ausmoniers vestus d'aubes de thoille blanche suivoyent le corps, l'un portoit son chapeau de cardinal et l'aultre son bonnet, les deux de drap rouge incarnat doublé de taffetas de mesme, il resta tout le jour et la nuict, et le lendemain 6 octobre le corps fust levé et processionnellement conduict, tout le clergé assemblé et en mesme pompe qu'il estoit entré à la porte Sainct-Sulpice. Le cercueil porté par six capucins et de là conduict à Vierzon pour le rendre en la ville de Vendosme lieu de sa sépulture.

Pension du Roy à ceulx qui avoyent douze enfans.

En l'année 1669 le Roy fist publier une desclaration par laquelle il ordonnoit des pensions à prendre sur les desniers des tailles, sçavoir aux gentilshommes qui auroyent douze enfans vivants, 200 livres tournois par an, à ceulx qui en auroyent dix, 100 livres tournois, aux rosturiers 60 livres. En conséquence de laquelle desclaration Monsieur Pierre Becueau sieur de Rozay eslu à Bourges fust payé par le sieur Pequot resceveur général à Bourges de la somme de 100 livres pour l'année 1669, ce qui obligéa beaucoup de personnes de poursuivre la mesme grâce. Le dict sieur Becueau me fist veoir toutes ses expéditions pour en parader au moys de mars 1670, et ay tiré copye de l'ordonnance de Monsieur Colbert ministre d'Estat pour la deslivrance de la dite somme qui ne fust donnée à aulcune aultre personne et une seulle foys au dict sieur Becueau.

ANNÉE 1670

Sacrilège arrivé à Paris.

Au moys de juillet, moy estant à Paris arriva l'action la plus sacrilège qui aye jamais esté commise. Un prestre celébrant la messe davant l'autel de Nostre-Dame de Paris fust tué par un jeune homme qui servoit sa messe, qui après la consécration faicte par le prestre tira espée qu'il avoit pendüe au costé et luy passa au travers du corps, puis l'assassin se sauvoit l'espée à la main et fust arresté hors l'église, pris par la justice, l'exécution faicte d'iceluy ayant faict amende honorable, davant Nostre-Dame, le point couppé, puis conduit en grève et bruslé tout vif. Il estoit huguenot et s'accusa d'avoir faict ceste action pour mériter la fille du ministre qu'il recherchoit en mariage.

ANNÉE 1671

Monseigneur de Caumont de Pequillin gouverneur et bailly de Berry.

LE vendredy 3 juillet 1671 Anthonin Nopart de Caumont marquis de Pequillin fist présenter les lettres de gouverneur et bailly de Berry par le sieur de La Thaumassière qui harangua dignement. Il eut le gouvernement par le déceds de Monsieur le Mareschal de Chulemberg mort un peu auparavant et incontinant disgracié et privé de sa charge et de ses honneurs et envoyé en bonne escorte à la citadelle de Pignerolles.

ANNÉE 1672

Naissance du duc d'Anjou.

Le jeudy 30 juin 1672 a esté chanté *Te Deum* et faict feu de joye les habitans estant soubs les armes, en remercîment à Dieu du favorable accouchement de la Royne d'un fils *duc d'Anjou*. Monsieur Tubœuf intendant de la province estant à Bourges voulust et ordonna que les boutiques fussent fermées, feus de ioye allumez par toutes les rües et chandelles ardentes à toutes les fenestres des maisons, ce qui fust exécuté.

Le dict duc d'Anjou mouroit en novembre de la mesme année.

ANNÉE 1673

Impôts des formules.

A LA fin du moys d'aoust 1673 le nommé Jacob grand traictant vint à Bourges establir le droict appelé des formules qui fust admis sans aulcune contradiction au désavantage et à l'oppression des peuples qui ont des affaires de Pallais. Ce droict se levoit sur le papier qui est nécessaire pour tous actes de justice dont la main se vendoyt 20 et 30 sols qui valloit auparavant 2 et 3 sols et l'establissement de ce droict dans tous le royaulme valloit 20 millions de livres. La province de Berry passoit dans la ferme généralle pour 80,000 livres.

Au moys de septembre l'on desroba une grande lampe d'argent et la grand croix de procession à Sainct-Estienne. Le tout valloit plus de 1,500 livres. Ce fust la nuict, sans qu'on ait peu avoir aucune nouvelle.

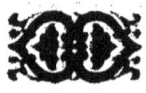

ANNÉE 1674

Taxe de la noblesse et restablissement d'icelle.

Au commencement de cette année le Roy ayant demandé de l'argent pour la confirmation de la noblesse de Bourges dont plusieurs estoyent refusant de payer, envoya la desclaration portant affirmation de privilège, d'exemption de franschises et nouveaux acquests, à la charge de payer deux années de revenu des dicts fiefs et Monsieur Agard maire de Bourges ayant esté à Paris pour poursuivre la descharge des taxes obtint un arrest du Conseil par lequel les taxes furent modérées à 22 livres tournois qui seroyent imposées tant sur ceulx qui avoyent fief que sur les nobles, ensuitte de quoy il y eust roolle faict des cotisables dans lequel on considéra plus l'accessoire qui estoit la noblesse que les fiefs qui faisoyent le principal ce qui fist bien du bruit. Néanmoings Monsieur Tubœuf intendant vérifia le roolle et ordonna que les deux premiers quartiers seroyent payez par provision. Je fus taxé à 22 livres quoyque je n'eus point de fief, pourquoy je m'oppose, mais il fallut payer par provision, ce que je fis comme les aultres sauf à avoir droict sur l'opposition. Les nobles devant le commencement du siècle (1600) se prétendirent exempts. On ne laissa pas de se cottiser et faire payer par provision et moyenant le payement de cette somme la ville fust restablye en tous ses privilèges mesme ceux de noblesse revocquez en 1667 avec beaucoup de circonspection. Ce qui faict voir qu'il n'y a rien d'assuré au Conseil du Roy et que pour de l'argent on a tout ce que l'on demande.

Despuys au moys d'abvril 1674 on publia une desclaration du Roy qui portoit une imposition sur toute sorte de papier.

Guerre d'Holande.

PENDANT les années 1672, 1673, le Roy ayant faict la guerre aux États d'Holande et pris beaucoup de villes sur eux, le Roy d'Espagne avec le concours duquel le Roy avoyt commencé la guerre, s'estant departy des intérests de Sa Majesté et tourné du costé des Holandois avec l'Empereur, ce qui empescha les progrès du Roy, enfin au moys d'april 1674, le Roy fist partir ses armées qu'il distribua en Flandres contre le Roy d'Espagne conduittes par Leurs Altesses Royalles, les prince de Condé et duc d'Anguien son fils et le Roy en personne alla en Franche-Comté, assiègea et prist Bezançon principalle ville et toutes les autres ensuitte se rendirent [1].

Bataille de Senef en Brabant.

Le vendredy 17 aoust on a reçu nouvelles que Monsieur le Prince avoit livré bataille à Senef en Brabant à l'armée ennemye composée des trouppes impérialles espagnolles et ho-

---

[1] *Mort de Claude Le Large.* — Le 5 juillet 1974 est décédé Claude Le Large, sieur de Guilly, deuxième auteur des notes qui constituent ce Recueil.

A partir de ce jour, son frère, Jehan Le Large, bachelier de Sorbonne, chanoine du Château, continue l'œuvre commencée par leur père.

landoises jointes ensemble ce qui faisoyt plus de 60,000 combattans ; quoique la sienne ne fust pas de plus de 40,000, deffict entièrement leur arrière garde, prist 4,000 prisonniers avec plusieurs de leurs généraux entre aultres le comte de Nassau, cousin du Prince d'Orange, le Prince de Ligne et autres, qu'il estoyt bien resté sur la place 3 à 4,000 ennemys et 4.000 des nostres.

Entrée de Monsieur de La Rochefoucault prince de Marcillac gouverneur de la Province, venu pour la convocation du ban et de l'arrière-ban.

Le dimanche 26 aoust, Monsieur de La Rochefoucault prince de Marcillac duc et pair de France grand maistre de la garde-robbe du Roy a faict son entrée dans cette ville en qualité de gouverneur; il n'a point voulu de cérémonye, et quoique nostre Chapître l'attendist à la porte de l'église où il devoit venir descendre pour estre complimanté par Monsieur le Doyen qui le devoit conduire au chœur pendant que la musique chanteroit le *Te Deum,* néantmoins il est allé descendre au logis du Roy et a mandé qu'il prioit la compagnie de l'excuser, que s'il n'estoit venu descendre à l'esglise c'estoit la faulte de ceux qui le conduisoient qui ne luy en avoient pas donné advis. Nous l'avons esté complimanter sur les deux heures de relevée au logis du Roy et le landemain sur les dix heures du matin il est venu du logis du Roy accompagné de Messieurs de la Ville avec ses gardes en l'esglise. Monsieur le Doyen l'a resçu à l'antrée de la grande porte, luy a présenté de l'eau bénite et ensuitte il l'a conduit au chœur de l'esglise, lorsque commençant le *Te Deum* où il a pris la place du Roy. Messieurs du Présidial estoient en corps d'un costé accompagnés de Messieurs les advocats et procureurs et Messieurs de la Ville avec leurs officiers. Le *Te Deum* chanté on fist chanter un *Domine salvum fac Regem* et le *Domine* dit l'oraison pour le Roy et pour Monsieur le Gouverneur qui entendit une messe basse qui fu dite au grand autel par Monsieur Joing pendant que l'on chantoit le *Te Deum*, laquelle finie il se retira et toute la compagnie. Pendant ce temps les habitans qui estoient en armes firent grand feu.

Te Deum pour la victoire de Senef.

Le mercredy 5ᵉ septembre suivant les ordres du Roy, on a chanté en nostre cathédrale le *Te Deum* pour l'heureuse et signalée victoire remportée par les armes du Roy commandées par Monsieur le Prince de Condé, sur les armées ennemies des Impériaux, Espagnols et Hollandois unis ensemble à la journée de Senef en Brabant et comme le Roy avoit ordonné tant à Monsieur de Bourges qu'à Monsieur le Gouverneur qu'il se fit avec le plus de solemnité que faire se pouvoit, toute nostre cathedrale y a contribué de sa part ; les chanoines et habitués estant chappés, Messieurs de la Ville en habit de livrée y ont accompagné Monsieur le Gouverneur, Messieurs de la Justice d'autre costé y ont assisté avec le barreau à la réserve de Monsieur le Lieutenant général qui n'y estoit pas. Tous les habitans estoyent sous les armes. Le *Te Deum* a esté précédé d'un brillant panégyrique prononcé en l'honneur du Roy par Monsieur Perrot chanoine de la cathedrale qui a eu l'approbation universelle de toute son audiance et l'action a finy par le feu de joye dressé à la place de Bourbon où Monsieur le Gouverneur s'est transporté à pied de Saint-Estienne accompagné du Corps de ville et de toute la milice pour y mettre le feu. Le soir il y a eu des feux de joye par toutes les rues et des lanternes avec des chandelles alumées à toutes les fenestres.

Convocation du ban de la noblesse par le Gouverneur.

Le lundy suivant 10e septembre 1674 Monseigneur le Gouverneur a tenu ses assises pour la convocation du ban et arrière ban qu'il avoit indiqué à ce jour dans la grande sale du Palais. Il y avoit un théâtre élevé de quelques quatre pieds au fond de la sale du costé de la chappelle sur lequel Monseigneur le Gouverneur estoit dans un foteuil. Monsieur le Lieutenant général dans un autre siège à sa gauche, et derrière, ses gentils hommes et quelques autres personnes de marque qui estoient debout. Les gens du Roy estoient plus bas en entrant dans la sale à la gauche, les procureurs à la droite et les greffiers avoyent leur barreau au milieu. Au bas devant Monseigneur le Gouverneur, Monsieur Gougnon 1ᵉʳ advocat du Roy, a faict l'ouverture, ensuitte Monsieur le Lieutenant général. Ensuitte Monseigneur le Baillif prononça par son Lieutenant que présentement la noblesse seroit appelée.

Devant que d'exécuter cette ordonnance, l'advocat de la ville a remontré que les privillèges accordés a la ville par Charles VIIᵉ confirmés par ses successeurs et notamment par le Roy appresent regnant, exemptoient les habitans de quelque qualité qu'ils fussent du ban et arrière-ban et conclut à ce que conformément à l'arrest du Conseil du Roy de 1673 et lettres patantes vérifiées dans toutes les Cours souveraines ils fussent à l'appel qui se devoit faire, tenus pour excusés.

Monsieur Gougnon pour le Procureur du Roy a dit qu'il avoit interest d'avoir communiquation des privillèges, arrest et patantes allégués par l'advocat de la ville. Monseigneur le Baillif a par son Lieutenant ordonné la communiquation et jusques à ce remis, à faire droit sur les conclusions de l'advocat de la ville.

Est à remarquer que Messieurs les Conseillers du Présidial demandoient de soir avec Monsieur le Lieutenant général et d'assister Monseigneur le Baillif de Berry, mais mon dict Lieutenant général ne l'a voullu souffrir et soit que Monseigneur le Baillif ait prononcé en sa faveur ou non, il est certain qu'il a seul assisté Monseigneur le Baillif, ce qui donnera lieu à un procès entre Monsieur le Lieutenant général et Messieurs du Présidial. Dans l'assemblée il s'est trouvé deux personnes qui avoient assisté à celle de Blois qui assuroient que Messieurs du Présidial de cette ville avoyent payé avec Monseigneur le Baillif de Blois et Monsieur son Lieutenant général.

Le dit jour 10e de septembre Monsieur le Gouverneur fist la revüe de toute la noblesse dans la place qui est devant le Pallais et les fist desfiller par la cour du logis du Roy. Ensuitte ils s'assemblèrent sur les quatre heures de relevée pour estre enrollés, nommer un commandant et des officiers et ont nommé Monsieur de Gamaches vicomte de Resmon pour commandant et Monsieur de Bonneau pour 1er capitaine, Monsieur de Buranlure pour 2e et Messieurs de Fins et Lavezerie.

Le mardy onziesme sont partys sur les dix heures pour aller coucher à Bressy. Monsieur le Gouverneur qui avoit quitté le deuil, superbement vestu, estant à la teste accompagné de Monsieur de Gamaches suivy de Monsieur de Resmon et aultres gentils hommes les plus considérables et le tout a esté divisé en quatre compagnies qui pouvoient faire 260 hommes effectifs. Dieu les veille conduire et reconduire.

ANNÉE 1675

Arrivée de Monsieur de la Vallière gouverneur du Bourbonnois.

Le vendredy 21 juin Monsieur de La Vallière gouverneur du Bourbonnois est arivé en cette ville avec ordre du Roy de veiller et régir la province en l'absence de Monsieur de La Rochefoucault nostre gouverneur ; il a esté salué de tous les Corps, et l'eschevin du pont d'Auron, Monsieur de Beauvoir, alla au-devant de luy avec plusieurs cavalliers de la ville. Nostre compagnie de Saint-Estienne l'alla salluer le lendemain et Monsieur Joing plus ancien chanoine porta la parole. Il vint le dimanche entendre la grande messe en nostre esglise, il se mist à la place du Gouverneur. On luy avoit imposé le tapis de velours devant luy. Il fit le sabmedy enregistrer son pouvoir et s'en retourna le mercredy 26 et alla passer par La Charité.

Prise de possession de Monseigneur Poncet.

L E 27 juillet, Monsieur Guenois chanoine de la Cathedrale ayant présenté à Messieurs du Chapître extraordinairement assemblés en leur chapître les bulles de la translation de Monseigneur Messire Michel Poncet de l'évesché de Sisteron dont il estoit pourveu à l'archevesché de Bourges, les dites bulles dattées de Saincte-Marie Majeure le 15 des kalandes de juillet, avec la procuration du dit seigneur du 23 de ce mois portant pouvoir au dict sieur Guénois de prendre possession en son nom. Messieurs sur les cinq heures du soir, ainsy assemblés ont faict mettre le dict seigneur en la personne du dict Guénois en la possession du dict archevesché par Messieurs de Saint-Denis et Le Large par les cérémonies accoutumées en tel cas et par ce moien la vaccance du siège a cessé le dit jour 27 juillet 1675.

Mort de Monsieur le mareschal de Turenne de la maison de Bouillon.

Le 3ᵉ aoust 1675 la nouvelle est arrivée en cette ville de la mort de Monsieur le mareschal de Turenne qui commandoit l'armée du Roy en Alsace et faisoit teste à toutes les trouppes de l'Empereur et des Princes d'Almagne unis contre nous. Il fut tué d'un coup de canon le sabmedy 27 juillet allant reconnoistre les ennemis qu'il vouloit combatre. Le Roy a témoinné de sa mort une douleur inconcevable.

Prise de possession en personne de Monseigneur Poncet.

Aujourd'hui mercredy 30 octobre Monseigneur Messire Michel Poncet conseiller du Roy en son Conseil, archevesque primat et patriarche de Bourges estant arrivé en cette ville dès le mardy au soir a pris la possession personnelle de son archevesché en cette sorte.

Estant sorty de son pallais archiépiscopal revéstu de son rochet et camail et bonnet carré, sur les dix heures du matin, accompagné de Messieurs Marpon et Lebas chanoines de la Saincte-Chappelle, en robbes de conseillers clercs, s'est venu rendre à la porte Jaulne, oultre les dicts sieurs accompagné de ses aulmôniers, et dont l'un portoit sa croix devant luy et autres officiers et là ayant esté receu par Messieurs Joing, de Saint-Denis, Foucheret et Le Large et autres du Chapître de Bourges pour l'adsister à son entrée et luy faire prester les serments au cas requis. Apprès un bref discours qui luy a esté faict par le dict Joing il a presté les serments sur les saints Évangilles comme ses prédécesseurs avoient faict. Ensuitte revetu de sa chappe et mitre est entré dans le cloistre par la ditte Porte Jaulne pour aller à l'église, accompagné comme dessus où il est arivé à grande peine à cause de la multitude du peuple qui l'a pensé accabler, en luy ostant sa chappe suivant la coustume. Estant arivé sur les marches, le dit sieur Joing luy a encore remontré qu'il estoit encore obligé suivant la louable coustume de l'Église de prester de nouveau le serment qu'il avoit juré à la Porte

Jaulne, et apprès avoir yceluy de nouveau juré sur les saincts Évangilles, il est entré dans l'Église par la grande porte où il a esté reçu par Messieurs les Doyen et Chanoines et officiers de la ditte église tous revêtus de chappes sur leurs surplis et apprès qu'on luy a mis une chappe au lieu de celle qui luy avoit esté ostée par le peuple et mis la mistre de Saint-Guillaume au lieu de celle qu'il avoit, Monsieur le Doyen lui a présenté l'eau béniste, et s'estant mis à genoux, il luy a faict baiser la vraye croix. Ensuitte s'estant relevé, il a esté arengué en latin par mon dict sieur le Doyen et apprès sa response par laquelle il traita les Chanoines de ces mots : *Viri venerabiles*, Monsieur le Doyen ayant commencé le *Te Deum* qui fut chanté alternativement par les chœurs et l'orgue, il fust conduit au-devant du grand autel où estant arivé apprès s'estre mis à genoux et pour faire sa prière au Saint-Sacrement il auroit de nouveau presté le serment acoustumé sur les saints Évangilles et après s'estre relevé esté conduit en sa chaise pontificale où il seroit demeuré jusques à la fin du *Te Deum*, lequel fini Monsieur le Doyen auroit dit l'oraison propre pour ce subiect et ensuitte mon dict seigneur l'Archevesque donné la bénédiction à tout le peuple, puis conduit par les mesmes en la place du chœur qu'il a de coutume d'occuper lorsqu'il n'officie pas et de là mené dans le vuestière où il a quitté sa chappe et sa mittre et repris son rochet et camail avec son surplis et aulmuce d'ermine et Monsieur le Doyen et tous les chanoines aiant quitté leurs chappes ont conduit mon dit seigneur l'Archevesque au chapître, sa croix estant demeurée au bas de la porte, et apprès un discours de remercîment faict au Chapitre et la réponse faitte par Monsieur le Doyen tous luy ont donné « l'*osculum pacis* », Monsieur le Doyen y ayant esté le premier. Monseigneur l'Archevesque ayant pris la 1re place, Monsieur le Doyen s'estant mis à sa gauche, cela faict, tout le Chapître, l'a esté reconduire en son pallais, estant revestu comme dessus de son habit de chanoine, la croix marchant devant, portée par un de ses aulmôniers, et comme il avoit dès le matin faict prier tous Messieurs à dîner chez luy, la compagnie s'y rendit sur le midy avec toute la résidence, les enfants de chœur, les notaires qui devoient estre présents à l'acte et les bedeaux de l'esglise et tous ont esté à une mesme table posée en la grande salle basse. De nouveau, Monseigneur l'Archevesque estant au bout, Monsieur Poncet intendant son neveu estant à sa droitte, Monsieur le Doyen à sa gauche, après luy Monsieur le grand Archidiacre et ensuitte Messieurs de Sainct-Denys et Foucheret et tous les autres de ce costé et de suitte selon leur rang d'antiquité, à la droitte et au-dessous de Monsieur l'Intendant estoyent Messieurs Joing, Le Large, Perrot et aultres selon leur rang d'antiquité.

Mort de Jehan-Armand de Fradet de Sainct-Aoust.

Le mardy 27 descembre 1675, le corps de Monsieur le comte de Saint-Aoust lieutenant du Roy en cette province et choisi par le Roy pour estre un des brigadiers de la cavallerie, servant en l'armée des Flandres soubs Monseigneur de Luxembourg mareschal de France ayant esté malheureusement tué au moys d'aoust précédent, en allant descouvrir un lieu propre pour faire fourager l'armée, ayant esté apporté vers les six heures du soir en l'eglise de Bourges où il avoit élu sa sépulture, fut le landemain enterré fort solemnellement. Monsieur le Doyen officiant à la messe, Monsieur de Bourges y assista et les Corps du Présidial et de la Ville. Après la messe Monsieur Perrot chanoine de la Cathedralle prononça son oraison funèbre avec beaucoup d'éloquence qui fust trouvée excellante au jugement des maistres. Ensuitte on porta le corps dans la chapelle. Tout le chœur et la nef furent tendus de noir avec la chapelle et une litte blanche au milieu. Le luminaire était fort beau, et le corps estoit posé soubs une chappelle ardante au milieu du chœur. Il a esté regretté avec justice de tout le pays et particulièment de la ville, estant seullement âgé de 32 ans, mais des plus accomplis Seigneurs de la Cour qui avoit joint à l'adresse et expérience des armes qu'il avoit acquise au-dessus de son âge et une vertu et piété toute extraordinaire à une personne de son âge et de sa naissance. Son nom est fini avec luy pour les mâles. Dieu luy veille faire miséricorde.

Le *Régiment Royal en garnison*.

LE dixiesme de décembre le Régiment Royal conduit par Monsieur de Villechaune est entré en garnison en cette ville quoique les privilèges qui n'avoient esté confirmés, il n'y a que deux ans moyennant 24.000 livres en exemptassent la ville, et mesme Monsieur l'Intendant a obligé la noblesse de contribuer pour le payement des contributions de la ditte garnison et a taxé chaque noble à 6 pistolles et a contrainct les refusans de paier en leur envoyant garnison et la mésintelligence a esté telle dans la ville, que personne n'a osé porter ses plaintes au Roy.

ANNÉE 1676

Establissement du droict de jauge.

A u commencement de cette année 1676, on a faict publier un arrest du Conseil, portant l'establissement des droicts de jauge sur les fust. qui est de 22 sols par tonneau.

Bénédiction des drappeaux du Régiment Royal.

Le mercredy 13 mars, Monsieur de Villechaume maïor du Régiment Royal, apporta solemnellement sept drappeaux que le Roy avait donnés à leur régiment pour les faire bénir par Monseigneur de Bourges. Ils entrèrent jusques dans le chœur, tambour battant et vinrent se placer autour de l'autel de saint Philippe où ils entendirent la messe qui fut dite par l'Aulmônier du régiment et Monseigneur l'Archevesque estant en sa place de chanoine, la messe dite le dit sieur de Villechaume accompagné de six autres capitaines du régiment vinrent avec avec leurs drappeaux prendre mon dit Seigneur pour le conduire au grand autel où ils fist la bénédiction des dits drappeaux, les donnant à chacun de ces capitaines après les avoir bénits et après les avoir embrassés, il leur donna sa bénédiction et ils se retirèrent en mesme ordre qu'ils estoient entrés en l'eglise, joindre la moitié du régiment qui estoit en bataille devant l'entrée de l'eglise qui saluèrent par une salve de mousqueterie. Ils sont partys le dimanche 22 pour aller à Guise où est leur lieu d'assemblée. On faict estat que ce régiment a dépensé à la ville 10,000 livres et plus durant le quartier d'hiver.

Te Deum pour la prise de Condé par le Roy.

LE dimanche 10ᵉ may on a chanté à Saint-Estienne le *Te Deum* pour la prise de la ville de Condé suivant l'ordre porté par la lettre du Roy escritte du camp de devant Condé le 27 avril, par laquelle le Roy reconnoist que c'est par une grâce de Dieu, toute singulière que cette place s'est renduë à son obéissance après cinq jours de tranchées ouvertes et que ses ordres ont esté exécutés en ce siège avec tant de vigueur et de courage par ses officiers et soldats que la garnison qui estoit composée encore de 1,200 hommes avec le commandant ont esté obligés de se rendre à discrétion.

Prise de Bouchain par le Roy le 12 may.

L E lundy 25 may on a chanté le *Te Deum* pour la prise de Bouchain par le Roy sur les ennemis, suivant l'ordre de Sa Majesté porté par sa lettre escritte à Monseigneur l'Archevesque du camp d'Urtebize près Valenciennes le 12 may 1676.

Victoire navale de Palerme.

Le mardy 30ᵉ juin on a chanté le *Te Deum* par l'ordre du Roy pour rendre grâce à Dieu de la victoire navale remportée par Monsieur le mareschal duc de Vivonne, sur les flottes d'Espagne et d'Hollande, qu'il fit attaquer le 2 de ce mois sous le port de Palerme, où elles estoient en bataille et la lettre du Roy porte qu'il y a eu douze gros vesseaux bruslés et six galères et entre les vesseaux, l'admirale d'Espagne et la vice-admirale d'Hollande et bien 5 à 6,000 hommes de perdus de sorte que cette victoire est une des plus grandes qui se soit remportée sur mer de ce siècle.

Mort du Pape Clément Xᵉ.

Le dimanche 2ᵉ aoust nous avons eu la nouvelle de la mort du pape Clément Xᵉ arrivée le 22 juillet précédent.

Prise d'Haire (Artois).

Le dimanche 16 aoust nous avons chanté le *Te Deum* pour la prise d'Haire par les armes du Roy sur les Espagnols en la contrée d'Artois arivée le dernier juillet.

Election d'Innocent XI*.

Le 21 septembre a esté eslu pape en la place de Clément X*, le cardinal Odescalski qui a pris le nom de Innocent XI*, en considération d'Innocent dixiesme qui l'avoit faict cardinal.

ANNÉE 1677

Mort de Monseigneur Poncet archevesque de Bourges.

Le dimanche 21 février 1677 Monsieur Messire Michel Poncet patriarche archevesque de Bourges est décédé en son pallais archiepiscopal sur les deux heures apprès midy, apprès avoir reçu les sacrements de l'Église des mains d'un des Chanoines de la Cathédrale. Sa mort a esté fort précipitée et surprenante, car quoiqu'il fut incommodé dès le dimanche, il n'a néanmoins proprement esté alité que les vendredy, samedy et dimanche jour de sa mort. Le Chapitre de Bourges ayant esté averti le vendredy matin de sa maladie périlleuse, ordonna de grandes heures qui furent commencées le mesme jour par une messe solemnelle du Saint-Esprit et fus commis par le Chapitre pour la dire. Ensuite l'exposition du Saint-Sacrement, je fus commis pour luy administrer les sacrements et comme sa maladie fut une espèce de caterre ou létargie, sur les cinq heures du soir s'estant trouvé libre d'esprit ayant esté confessé par le R. P. Gaulier des Capucins. Je luy portai le viatique à l'issüe du salut du Saint-Sacrement, accompagné de toute la compagnie; le lendemain dimanche sur les cinq à six heures je luy portai l'Extrême-Onction. Ainsy il a rendu l'esprit à Dieu, l'Église a faict une notable perte en sa mort, parce qu'il estoit extrêmement bien intentionné tant pour le général de nostre Église que pour tous les particuliers qu'il consideroit comme ses enfants. Je ne saurois exprimer celle du diocèse qu'il avoit commencé à visiter et qu'il auroit continué et mis en estat de reforme, ayant l'esprit continuellement appliqué au bon ordre qu'il devoit mettre en ce diocèse et mesme ayant une mission de Capucins qui estoient dans les lieux qu'il devoit visiter après Pasques pour disposer toutes choses. En mon particulier, j'y ay faict une perte très grande, m'ayant depuis le premier jour de son arrivée en cette ville, tousiours honoré de son affection et amitié, jusques à me comettre seul la direction du diocèse en son absence. Je prie Nostre-Seigneur de luy faire miséricorde. (*Locus ejus sit in pace.*)

Son corps a esté exposé en un lieu funèbre dressé dans la grande salle de son pallais, pendant trois jours sçavoir : les lundy, mardy et mercredy et toute la montée, la salle, la chappelle et le vestibul de la chappelle tendu de noir et le tout garni de flambeaux de cire blanche et inhumé le vendredy 5 mars en la Cathédrale proche la porte du chœur du costé de son siège.

Te Deum chanté pour la prise de Valencienne forcée le 17 mars 1677.

LE 25 mars, la lettre du Roy adressée à Messieurs les Grands Vicaires de l'Archevesché m'a esté renduë escritte du camp de Valencienne le 18 de mars par laquelle il désire que l'on fasse chanter le *Te Deum* en action de grâce, de la prise de cette ville, une des plus considérables de tous le païs bas, qui a esté forcée, l'espée à la main en plein jour après huict jours de tranchée ouverte et le dimanche 28, nous avons faict chanter le *Te Deum* en la Cathédrale.

Te Deum pour la victoire de Cassel.

Le 22e avril Monsieur le Doyen a reçu la lettre du Roy adressant à Messieurs les Grands Vicaires de l'Archevesché escritte du camp devant Cambray le 13 du dit mois par laquelle il ordonne aux dits Grands Vicaires de faire chanter le *Te Deum*, pour la victoire remportée par Monsieur le duc d'Orléans son frère, sur le prince d'Orange et les Espagnols venant pour faire lever le siège de Saint-Omer assiégé par Monsieur. Le dit combat donné proche Cassel le dimanche des Rameaux où il est bien demeuré 3,000 des ennemis, autant de prisonniers tout leur canon et leur bagage pris, ce qui a donné lieu à la redition de la place. Le sabmedy 24 du dit mois nous avons faict chanter le *Te Deum* et par le message ordinaire du 22 on a eu nouvelles que la citadelle de Cambray s'estoit rendüe au Roy, et Saint-Omer à Monsieur frère unique du Roy.

Le dimanche 2 may eut lieu la cérémonie pour la prise de Cambray et pour celle de Saint-Omer le jeudy 6 may en suivant.

Victoire navale de Tabago en Amérique.

Le jeudy 27 jour de l'Ascension nous avons reçu du Roy la nouvelle de la victoire remportée par le comte d'Estrée vice-amiral de France sur la flotte hollandoise au port de Tabago en l'Amérique le 2 mars dernier, dans lequel combat les Hollandois ont perdu quatorze vesseaux de guerre. *Te Deum* a été chanté.

Prise de Fribourg en Brisgault.

Le jeudy 2 décembre 1677 nous avons chanté le *Te Deum* suivant la lettre du Roy reçüe le 29 du passé pour la prise de Fribourg capitale du Brisgault prise par l'armée du Roy commandée par le mareschal de Criquy presque à la veüe du prince de Loraine qui s'estoit disposé pour la secourir.

Prise de Saint-Guillin.

LE 22 décembre 1677 nous avons appris qu'après dix jours de tranchée ouverte le mareschal d'Humières après avoir investi la place de Saint-Guillin par les ordres du Roy l'a emportée d'assault à la veüe de toutes les troupes confédérées non obstant la rigueur de la saison. La lettre que nous avons reçue du Roy à ce subiect est escritte de Saint-Germain-en-Laye 14 décembre.

ANNÉE 1678

Nous signalons icy la prise de Gavres et d'Hypres rendues en l'obéissance du Roy la première le 12 mars, la deuxiesme le quatre avril, ainsy que celle de Puycerda en Cathalogne qui a esté exécutée le dimanche 26 dudit mois.

Paix de Nimègue.

La paix ayant esté conclüe entre le Roy et les provinces unies des Pays-Bas, à Nimègue entre les plenipotentiers et ensuitte ratifiée, le 29 septembre, le Roy la fit publier à Paris le mesme jour, et comme grand vicaire, le siège vacant, je reçus le 10 octobre la lettre du Roy pour en faire chanter le *Te Deum* ce qui fut arresté au dimanche 23 du moys tant à cause de Monsieur l'Intendant qui témoigna à Messieurs de nostre Chapître de Saint-Estienne qu'il seroit bien aise d'y assister et qu'il estoit obligé pour les départements des tailles d'aller à la campagne pour huict jours, qu'à cause de Monsieur le Maire qui estoit seul à la ville.

Reduction de la noblesse au Maire seul à l'exclusion des Eschevins.

PAR arrest du Conseil du 18 octobre 1678 le Roy s'estant faict raporter en son Conseil l'arrest obtenu par les sieurs Maire et Eschevins de cette ville du 22 aoust 1673 par lequel il confirme les habitans de ladite ville dans les privilèges, il ordonne que l'edict du mois de mars 1667 et arrest du Conseil du 7ᵉ may au dit an seront exécutés selon leur forme et teneur. Ce faisant déclare n'avoir entendu comprendre dans l'arrest du 22 aoust le privilège de noblesse prétendu par les Eschevins de la ville de Bourges, ordonne que conformement audict arrest du 7ᵉ may 1667, le seul Maire de la dite ville et ses descendants jouiront du privilège de noblesse.

ANNÉE 1679

LE 6ᵉ janvier jour des Roys, a esté chanté le *Te Deum* pour la paix avec l'Espagne.

Le jeudy onziesme may a esté chanté le *Te Deum* pour la paix conclue avec l'Empereur et les princes d'Allemagne à la résidence de Brandebourg.

Défense au Prévost de pénétrer dans les monastaires sans le concours de Monseigneur l'Archevesque.

LE 26 febvrier dernier, Monsieur le Prévost de la ville s'estant transporté en l'abbaye de Sainct-Laurent ensuitte de son jugement pour retirer la fille de deffunct Messire Jean Gillet médecin en cette ville et ayant en exécution d'yceluy accompagné de Monsieur le Procureur du Roy de Monsieur de La Thaumassière qui prétendoit que la fille luy devoit estre remise, faict rompre les portes du dict couvent, de laquelle rupture j'aurois, avec Messieurs Mignot et Foucheret grands vicaires du siége vaccant, dressé nostre procès-verbal que nous aurions envoyé à Mgr l'Archevesque nommé, il seroit par ses soins intervenu arrest du Conseil d'Estat, le Roy présent, donné à Sainct-Germain le 27 mars suivant, par lequel la procédure du dict sieur Prévost, cassée et aunulée et luy est faict deffenses de plus à l'advenir user de semblables violances à peine d'interdiction, ordonné que lorsque il y aura des arrest ou jugement dont il n'y aura point d'appel qui l'obligeront d'entrer dans des monastaires, il sera tenu de s'adresser au sieur Archevesque de Bourges et en son absence à ses grands vicaires, sans pouvoir rien entreprendre à cet effect que de concert avec eux et en leur présence. Le dict arrest suivant la commission a esté lu et registré à la Prévosté et au Bailliage, le requérant, Monsieur le Procureur du Roy.

Prise de possession de Monseigneur l'Archevesque Michel Phelipeaux.

Le mercredy treiziesme jour septembre 1679, Monsieur Michel Phelipeaux conseiller du Roy en ses conseils, archevesque primat et patriarche de Bourges estant arivé en la ville le soir précédent, a esté sallué par tout le Chapître de l'Église dès le mesme jour. Et sur les sept heures du matin, le Chapître estant assemblé faict présenter ses bulles de translation de l'Évesché d'Uzès à l'Archevesché de Bourges et demandé d'estre mis en possession de son dit Archevesché, ce qui fut faict sur les dix heures du matin en la manière descritte en la réception de Monsieur Poncet son prédécesseur et ensuitte il a donné à diner à la compagnie et faict le festin le plus magnifique que nous ussions point encore veu. Messieurs le grand Archidiacre et Chancellier quoy qu'ils ussent esté présents à la cérémonie de la prise de possession n'ont point esté priés au festin sur la difficulté de la préséance les deux anciens chanoines ne leur ayant voulu céder.

ANNÉE 1680

Ouverture du Séminaire de Bourges dédié à la Vierge.

LE jeudy 2ᵉ de febvrier 1680, Monseigneur Messire Michel Phelypeaux de La Vrillière Patriarche Archevesque de Bourges et Primat des Aquitaines a faict l'ouverture de son Séminaire estably en l'église de Nostre-Dame de Montermoyen, par une messe solemnelle qu'il a chantée pontificalement en la dite église et après l'offertoire mon dit Seigneur ayant faict un discours sur la loy dont parle l'Évangile de ce jour pour laquelle accomplir, la Vierge estoit venüe au temple pour se purifier quoy qu'elle en fust exante par toutes sortes de raisons et offert son fils, Nostre-Seigneur Jésus-Christ son premier nay au Père éternel. Il a divisé sa matière en deux points qu'il a adressée à tous les séminalistes et leur a faict voir l'importance qu'ils avoient de se rendre purs comme la Vierge puisqu'ils vouloient estre les ministres de Jésus-Christ, dont le principal employ estoit d'offrir le sacrifice du corps et du sang de Jésus-Christ et dans le second qu'ils devoient comme la Vierge sacrifier leurs premiers nais, c'est-à-dire toutes leurs passions dominantes et le discours fini, tous les séminalistes, un cierge alumé à la main ont esté renouveller leurs bons propos en disant : « *Dominus pars hæreditatis meæ...*, etc., baiser sa main, et recevoir sa bénédiction. Cette cérémonie finie qui s'est faicte avec beaucoup de dévotion, Monsieur Le Tellier supérieur et Monsieur de La Chetardie faisant les fonctions de curé ayant esté les deux premiers suivis de quatre autres de la maison et ensuitte ceux qui ont esté reçus, pour entrer au dit séminaire et recevoir les ordres tous deux à deux. Mon dit Seigneur a continué la messe. Monsieur Poncet Intendant et tous les plus notables de la ville ont esté présents à cette action et tous très-satisfaicts de l'exhortation faite par mon dict Seigneur l'ayant prononcée avec toute l'éloquence et le zèle d'un prélat consommé en toutes sortes de vertus, ce qui donne subiect à toute la province de croire que la suitte correspondra à de si saints commencements et que Dieu versera sa bénédiction sur un si sainct ouvrage.

Fuitte du sieur Couvrant, chappelain de l'Hospital général.

LE jeudy 15ᵉ du dit mois, Monseigneur l'Archevesque ayant découvert depuis quinze jours quelque chose à redire à la conduitte de Monsieur Couvrant chappelain de l'hospital général de cette ville où il estoit depuis l'année 1663 et avoit vescu pendant tout ce temps en réputation de grand homme de bien, ce qui avoit esté cause que mon dit Seigneur l'avoit en une singulière estime, néanmoints après s'estre fait une grande viollance sur soy-mesme il l'envoya quérir le dict jour en son pallais et apprès lui avoir demandé ses clefs de l'hospital et luy avoir reproché qu'il estoit un infâme et qu'il ne voulut point subir son interrogatoire, il luy fit deffense de plus retourner au dit hospital et luy enjoignit de vuïder son diocèse dès le lendemain, sinon qu'il lui feroit faire son procès et le feroit mettre dans une basse-fosse. Pour l'honneur du caracthère, mon dict Seigneur n'a point encore desclaré le subiect de ce changement et a tous les jours esté au dict hospital matin et soir jusques à ce jour 17 du moys, parceque sitôt qu'il l'eust arresté en son pallais, il alla faire sceller tout ce qui estoit en la chambre du dict Couvrant, qui estant depuis huict jours dans la défiance avoit caché sa cassette dans un des greniers de l'hospital, lorsqu'il s'évada.

ANNÉE 1681

Mort de Monsieur Phelipeaux de La Vrillière, père de Monseigneur l'Archevesque de Bourges.

LE 5 may 1681, Monsieur de La Vrillière père de Monseigneur l'Archevesque estant mort à Bourbon-l'Archambault après avoir donné toutes les marques d'un bon chrestien regretté de tous les gens de bien et comme il avoit rendu de grands services à toute l'Esglise de France depuis l'année 1628 qu'il avoit succédé à la charge de ministre et secrétaire d'Estat de Monsieur son père, l'Esglise de Bourges en reconnaissance de ces bons offices et des obligations qu'elle a à Monseigneur Michel Phelippeaux son fils archevesque de Bourges, le sabmedy 14 de juin a faict un service solemnel pour le repos de son asme. Le chœur de l'esglise a esté tendu de noir, garni des armes du deffunct et le P. La Mèche recteur des Jésuittes a prononcé après la messe l'oraison funèbre avec son éloquence ordinaire.

Assemblée générale du clergé.

Il y a eu cette année 1681 une assemblée générale du clergé tenüe extraordinairement à Paris par la permission du Roy et indiquée au premier octobre, il y a eu deux prélats du 1ᵉʳ ordre et deux du 2ᵉ, Monseigneur de Bourges avec Monseigneur de Tulle. Monsieur l'abbé Ratabon et Monsieur de Feu ont esté nommés pour cette province et cette assemblée a esté si peu libre dans les provinces qu'il y avoit des ordres du Roy envoyés par Monseigneur de Paris par lesquels estoient nommés ceux que Sa Majesté désiroit assister à la dicte assemblée. Et en l'assemblée de nostre province, Monseigneur de Limoges devoit estre nommé avec Monseigneur de Bourges et le sieur Ratabon et de Feu, quoique le sieur de Feu ne fut point bénéficier en nostre province, et que les voix n'allassent point pour luy. On envoya encore à Monseigneur de Chasteauneuf sécretaire d'Estat et frère de Monseigneur nostre Archevesque qui manda de nommer le sieur de Feu. Un des principaux subiects de cette assemblée a esté la matière de la Régalle que Sa Majesté prétendoit estendre en tout son royaulme suivant sa déclaration de 1673 à quoi le Pape s'opposoit.

On envoya mesme aux assemblées provincialles des modes de procuration comme on désiroit que les desputés des provinces les passassent ce qui n'avoit encore esté veu de nostre temps. Monseigneur de Bourges nous a mandé du 12 décembre qu'une assemblée géneralle avoit desputé vers le Roy pour le prier d'avoir agréable les propositions d'accommodement touchant la Régalle que l'assemblée lui foisoit proposer de trouver bon qu'il ne donnast plus de plein droict, les doyennés, archidiaconnés, théologalles, præceptorialles, et génerallement tous les aultres bénéfices, où il y a quelque charge d'âme annexée, mais qu'il se contentast de présenter aux Évesques et aux Chapîtres pour en donner la collation, qui pourroient refuser les subiects s'ils n'estoient pas capables, pour, sur le refus canonique qui en seroit faict, en estre présenté d'autres par Sa Majesté;

Qu'à l'égard des Églises où les Évesques ne confirment que les dignités, le Roy ne conserveroit que les dignités : où l'Évesque ne confère que les canonicats qui sont à droit, le Roy ne conféreroit que ceux qui sont de la collation de l'Évesque; où il ne confère rien du tout, il ne conféreroit aucun bénéfice; que pour les élections, le Roy nommeroit seulement un commissaire pour y assister au cas que l'Évesque eust droit d'y assister, en un mot que le Roy durant la Régalle n'auroit pas plus de droit qu'un Évesque.

Ces propositions ont esté portées au Roy, par Messeigneurs de Paris et de Reims, qui a voulu assembler son Conseil auparavant que d'y respondre.

ANNÉE 1682

Édit sur l'usage de la Régalle.

LE Roy au moys de janvier 1682 a donné son édit sur l'usage de la Régalle, conforme aux remonstrances qui luy ont esté faittes par Messieurs les députés du clergé, datté de Sainct-Germain.

Signé : Louys.
Et plus bas : Colbert.

Le P. de La Blandiniaire religieux de la Mercy, prédicateur du Caresme en 1682.

LE P. La Mèche recteur des PP. Jésuittes qui devoit prescher le Caresme, sur le subiect d'une thèse de théologie qui fut soustenüe aux Jésuittes par Monsieur Lebas, dans laquelle il se trouva deux propositions :

L'une de la Grâce et l'autre de la Probabilité que Monsieur de La Chapelle syndic de la Faculté de Théologie n'avoit voulu approuver et que Monseigneur avoit jugé plus à propos de ne pas soustenir, m'ayant mandé de Paris de révoquer les pouvoirs du dict P. Recteur de prescher et confesser en son diocèse, je leur fis signifier le mardy neufiesme ce qui fut cause que le mercredy des Cendres et le reste de la sepmaine il n'y eut point de sermon jusque au 1er dimanche de l'Advent que le R. P. de La Blandiniaire religieux de la Mercy à Paris et provincial de son ordre commença le Caresme, mais avec un tel succès qu'il y a plus de trente ans qu'il n'a monté dans la chaire de Saint-Estienne un prédicateur de la force de celuy-là et qui ait esté suivi si universellement. Du depuis les PP. Jésuittes ayant donné satisfaction à Monseigneur le dernier février, je reçus ordre de luy de rétablir le P. Recteur et le P. Demenieux qui avoient esté révoqués, ce que je fis le 5e mars.

Te Deum pour la naissance de Monseigneur le le Duc de Bourgogne fils de Monseigneur le Daulphin arrivée le jeudy 6ᵉ aoust 1682 à Versailles.

Le lundy 10ᵉ aoust j'ay reçu la lettre du Roy par laquelle il donne advis à Monseigneur l'Archevesque de l'acouchement de Madame la Daulphine arivé le 6ᵉ du dict mois d'un fils qu'il a nommé le Duc de Bourgogne et désire qu'il en soit chanté *Te Deum* en la Cathédrale et en toutes les églises du diocèse. La lettre est escritte de Versailles 6ᵉ aoust 1682.

La cérémonie eust lieu le jeudy 13ᵉ aoust où avoient esté convoqués tous les Corps. Toutes les cloches des paroisses et des religieux et religieuses sonnèrent et Messieurs de la Ville firent mener l'artillerie dans la place Saint-Pierre, qui joua à son tour et le lendemain ils firent mettre le peuple sous les armes qui témoyna une grande joye.

Révocation de Monsieur l'intendant Poncet.

LE sabmedy 19ᵉ décembre, Monsieur Ponc[et]
Intendant et départi dans cette provin[ce]
a reçu la nouvelle de sa révocation pour nost[re]
Intendance. Le Roy sur les diverses plaint[es]
qu'il avoit reçues de sa conduitte, l'ayant
mardy 15ᵉ révoqué et ordonné qu'il iroit [à]
Limoges. Cette nouvelle le surprit si for[t]
qu'étant botté pour aller à la chasse, il co[n]
gédia sa compagnie, et partit incontinent po[ur]
aller à Paris, pour se faire confirmer en Berr[y]
et sa femme partit de cette ville sur la minu[te]
du mesme jour. On a cru que Monseigne[ur]
l'Archevesque et Monsieur le prince de Soubi[se]
nostre gouverneur qu'il avoit choqués dans [la]
dernière élection des Maire et Eschevins [et]
Monseigneur de Bourges à qui il avoit voul[u]
faire diverses pièces avoient beaucoup contribu[é]
à cet éloignement qui luy a esté apparemme[nt]
très fâcheux ; mais il est certain qu'il n'a p[as]
esté regretté de beaucoup de personnes ; il e[st]
vray qu'en mon particulier je n'ai que subiect [de]
m'en loüer. Il avoit mis la ville sur un pied qu[i]

estoit maistre de tout et que personne n'oso
bransler.

Prédicateur du Caresme.

Nous avons eu pour prédicateur de l'Adve
1681 et du Caresme 1682 le R. P. Mèc
jésuitte et recteur du collège de cette ville qu
esté très bien suivi et qui assurément est un d
bons prédicateurs des Jésuittes.

ANNÉE 1683

Monsieur Dey de Séraucourt remplace Monsieur Poncet comme intendant de la province.

MONSIEUR Dey de Séraucourt conseiller du Roy et maistre des requestes est arrivé en cette ville le 1er février 1683 au lieu et place de Monsieur Poncet en qualité d'Intendant de la province. Il est venu descendre à l'Archevesché où il a été salué de tous les Corps et particulièrement de Messieurs de Saint-Estienne qui y allèrent quatre députés, Monsieur de Saint-Denys portant la parolle et il nous voulut conduire jusques à la grande porte de l'entrée du logis. Madame sa femme estoit venüe avec luy.

Mort de Marie-Thérèze d'Autriche reine de France.

LE vendredy 30e juillet 1683 la reine Marie-Thérèze d'Autriche, fille de Philippe IV roy d'Espagne et femme de Louys XIV roy de

France est morte à Versailles sur les deux heures après-midy, ne s'estant trouvée incommodée que le mardy, encore avoit-elle dîné avec le Roy et esté à la promenade avec luy, on attribue sa mort à une seigne faitte à contre-temps et contre le sentiment de son médecin et chirurgien ordinaire; Messieurs Daguin et Moreau médecins du Roy et de Madame la Daulphine, l'ayant emporté sur le médecin ordinaire, et elle mourut deux heures après. Elle a esté regrettée extraordinairement de tout le monde, mais particulièrement du Roy qui en est inconsolable. C'estoit une très-bonne et très-pieuse princesse. Dieu luy fasse miséricorde.

Mort de Monsieur Colbert.

LE 6ᵉ aoust Monsieur Colbert controleur général des finances est décédé en sa maison à Paris et n'a pas été regretté de beaucoup de personnes. Le peuple luy attribuoit tous les nouveaux impôts qui se lèvent sur luy.

Consécration de l'esglise des Religieuses de la Congrégation.

Le 25 aoust jour de l'Assomption de Nostre-Dame Monseigneur l'Archevesque consacra la chapelle des Religieuses de la Congrégation de Nostre-Dame de cette ville, reçut la rénovation de leurs vœux et leur fit l'après-dinée une excellente prédication tant sur le subiect de la feste que celuy de la rénovation de leurs vœux, assista ensuitte à la procession pour le Roy où il officia et ensuitte alla donner la bénédiction du Saint-Sacrement aux susdittes religieuses au salut et ensuitte donna la confirmation. Tout ce qu'il y avoit à Bourges de personnes considérables se trouvèrent à son sermon.

Levée du siège de Vienne.

Le 26e septembre on a reçu nouvelle de la levée du siège de Vienne assiégée par l'armée ottomane de quelque deux cent mil hommes.

Le 12 de ce moys par le moïen des armes impériales, des princes d'Almagne et du Roy de Pologne qui vint en personne au secours.

Le combat commença le dimanche 12ᵉ du dict moys à l'aube du jour.

Extraits d'une lettre escritte de la part du Roy de Pologne à Monsieur le comte de Béthune cy devant embassadeur du Roy auprès de Sa Majesté Polonoise du 13 septembre 1683 :

« Hier le douze de ce moys à l'aube du jour l'armée impériale de laquelle Son Altesse Électoralle de Bavière et le Prince de Waldeck ont commandé le corps de bataille, le Roy de Pologne, l'aile droite et le Duc de Loroine avec Son Altesse Électoralle de Saxe, l'aile gauche, après avoir gaigné le jour de devant la hauteur de Salemberg, ont attaqué les ennemis dans leurs postes et quoy qu'ils fussent très avantageux, tant par leur situation que par les travaux que les ennemis y avoient faicts et qu'ils ressembloient à une nouvelle ville et impossible de les pouvoir emporter, la ditte armée les a néantmoins attaqués avec tant de vigueur et de constance qu'à la fin ils ont esté obligés de se retirer vers la ville mesme, mais comme à mesme temps la garnison a faict une sortie et que les nostres les ont tousiours pressés de près, l'infanterie de l'ennemi a esté prise au milieu et entièrement défaitte, après quoy leur cavalerie a bientost après lasché le pied, tellement que toute leur armée a esté entièrement battüe laissant sur le champ de bataille tout leur camp, canons, chariots de munitions et bagages.

« Le Roy de Pologne a eu le cheval propre du grand visir avec son estendart et les deux queües de chevaux que les Turcs portent pour signal de guerre contre les chrestiens; une grande partie de la cavalerie impériale et polonoise poursuit à présent les fuyards, et comme les garnisons de Raab et Comorn et les troupes mises sur les frontières de Styrie au milieu desquelles l'ennemi fuyant doit passer ont eu ordre de les poursuivre aussi, on espère de moment à autre les nouvelles de leur entière défaite. Sa Majesté Impériale entrera demain icy et assistera au sacrifice que l'on fera à Dieu pour une victoire si entière. »

ANNÉE 1684

ANNÉE BISSEXTILE

Heureux accouchement de Madame la Daulphine d'un fils que le Roy a voulu porter le nom de duc d'Anjou.

Le sabmedy 1er jour de l'an on a chanté en la Cathedralle le *Te Deum* pour la nescence de Monseigneur le duc d'Anjou second fils de Monseigneur le Daulphin né à Versailles le dimanche 19e décembre précédent, suivant les ordres portés par lettre du Roy adressée à Monseigneur de Bourges, dattée de Versailles du 19e décembre jour de la nescence du jeune prince Monseigneur de Bourges a officié pontificallement audit *Te Deum* qui a esté de chantre, les chanoines néanmoins n'ont point esté chappés. Monsieur Dey de Séraucourt, intendant, y a assisté avec Messieurs du Présidial avec sa robbe rouge, et Messieurs de la Ville en robbes de livrée. Il n'y a pas eu d'autres réjouissances. Je devois officier à cette cérémonie ayant officié tout le jour, mais Monseigneur l'a voulu faire pour ne pas voir Monsieur l'Intendant occuper la place du Roy et à son costé lorsqu'il est à sa place de chanoine.

Ouverture du Jubilé.

Le lundy 28 février Monseigneur de Bourges a faict l'ouverture du Jubilé dans la Cathedralle par une procession solemnelle et des chants où l'on a chanté le *Veni Creator* et ensuitte la messe du Saint-Esprit qui a esté ditte par Monseigneur officiant pontificallement et lendemain mardy 29 l'ouverture en a esté faitte en toutes les paroisses de la ville par les mesmes cérémonies. Il a duré depuis le dit jour 29 jusques au lundy 13 mars inclusivement qui estoit la quatrième sepmaine de Caresme.

Prise de Luxembourg.

Le 15 juin j'ay reçu le paquet du Roy que j'ay envoyé à Monseigneur de Bourges à Levroux au cours de sa visite, dans lequel est la lettre du Roy escripte à Versailles le 9ᵉ juin portant ordre de faire chanter le *Te Deum* en action de grâces de la prise de la ville de Luxembourg capitalle du duché de mesme nom rendüe à son obéissance par capitulation le mardy 6ᵉ de juin. Monsieur le mareschal de Créquy y estant entré, la garnison en est sortie, le prince de Chimé gouverneur à sa suitte, tambour batant, enseignes déployées avec bale en bouche deux canons, un mortier et soixante chariots couverts.

ANNÉE 1685

Révocation de l'édit de Nantes.

Le Roy par son édict vérifié au Parlement le 22 octobre 1685 contenant douze articles a révoqué l'édit de Nantes du moys d'aoust 1598 et ce faisant, faict deffenses dans son royaulme et toutes places de son obéissance de faire aucun exercice public de la religion prétendue réformée et enjoint à tous les ministres qui ne voudront pas embrasser la religion catholique, apostolique et romaine de se retirer de son royaume dans la quinzaine de la publication.

ANNÉE 1686

Agrandissement du Jardin de l'Archevesché.

Au moys de mars 1686, Monseigneur de Bourges a changé l'entrée de la ville, renfermant en son enclos la plus grande partie des ormes plantés en 1654 par Monsieur Hemeré pour lors maire de la ville depuis la tour des murs de la ville au-dessus de l'église de Nostre-Dame de Salles, jusques à la tour du portal de la ville qui fermoit autrefois le Jardin de l'Archevesché, de sorte qu'il met dans son enclos de ce costé là le fossé de la ville, la contre escarpe, le grand chemain qui alloit de la porte de la ville à Don le Roy passant par le Chasteau et plus de la moitié du plan appellé les Hemerettes à cause de feu Monsieur Hemeré maire, lorsqu'ils furent plantés aux despens de la ville qui montèrent à la somme de 568 livres tournoys.

Du depuis en 1687 il a pris toute la place et renfermé dans son enclos jusques aux deux tours qui faisoient l'antienne entrée de la ville, ayant mesme abattu celles qui estoient au-dessus de l'église de Salles et en a donné partie des matériaux au séminaire et ont passé à Turly.

Naissance de Monsieur le duc de Berry.

Le 5ᵉ septembre 1686, Monseigneur de Bourges a reçu la lettre du Roy dattée de Versailles du 31 aoust par laquelle il luy marque l'heureux accouchement de Madame la Daulphine, accouchée le dit jour 31 aoust d'un fils auquel il faict porter le nom de duc de Berry et luy ordonne de faire chanter un *Te Deum* en tout son diocèse en action de grâces, et le mardy xvııᵉ du dit moys le *Te Deum* fut chanté avec tout l'appareil possible ; Monseigneur de Bourges ayant officié, la procession fut faitte, estant présens tous les chantres, les chanoines et ceux du chœur chappés et faisant le grand tour de l'église devant que de rentrer dans la nef, la procession sortit par la porte du costé de l'Archevesché et fit le tour du gros pillier devant une statüe représentant la France qui tenoit un petit enfant qu'elle préfentoit au ciel, que Monseigneur de Bourges avoit faict élever sur un pied d'estail de menuiserie ayant quatre faces garni de colonnes et au pied d'estail de cette statüe il fit mettre ces deux vers :

> Jam nova progenies cœlo dimittitur alto
> Clara deûm soboles, magnum Jovis incrementum.

avec leurs bases, architraves, frises et corniches, où le soir il fist faire un feu d'artifice en témoignage de la réjouissance.

Monsieur l'Intendant assista en robbe rouge accompagné de Messieurs les Présidents et Conseillers et Messieurs de la Ville en livrée. Il est difficile d'exprimer la joye que toute la ville témoigna ce jour-là qui fut célébré comme une feste solemnelle, toutes les boutiques ayant esté fermées; il y eut des arcs de triomphe élevés presque dans toutes les places et ruës de la ville avec une infinité de verdure et quantité d'inscriptions sur le subiect de ce nouveau Duc. Monsieur Le Large de Villaine maire fit abattre une muraille qui fermoit le devant de son logis et fit orner la place de tapisserie et le devant formoit un portail en piramide de verdure, et le soir son logis et toute la ville fut illuminée.

Mais surtout Monseigneur de Bourges fit illuminer tout son logis de lampes autour du nouvel édifice et de l'ancien à quatre ou cinq rangs de petites lampes et de grandes d'espace en espace, paintes de diverses couleurs, ce qui faisoit un effect admirable et qui n'avoit esté veu à Bourges de mémoire d'homme ayant faict faire quinze ou seize cents lampes qui firent une illumination admirable dans son pallais et auparavant que de faire jouer le feu d'artifice qu'il avoit faict venir de Paris, il donna un festin très somptueux où il avoit invité avec Monsieur l'Intendant tous les chefs de Corps et presque tous les notables de la ville avec leurs femmes; Messieurs de l'Église y estant en grand nombre.

Et quoy que Monsieur l'Intendant ayant le mesme jour voulu aussi traiter à soupper luy ostast plusieurs personnes de condition qui se trouvèrent priées de part et d'autre, ils se partagèrent, la plupart des dames de condition ayant esté soupper chez Monsieur l'Intendant et leurs maris chez Monseigneur l'Archevesque.

Il eût encore en trois ou quatre tables bien quatre-vingts ou cent personnes et sur la fin du repas il se jetta tant de monde dans la salle où l'on manjoit que l'on ne se cognaissoit pas; Monseigneur de Bourges n'ayant pas voulu que la porte de son pallais fut fermée pour donner le contentement au peuple de voir l'illumination de son pallais. Après le soupper il fist allumer le feu de joyë disposé devant la place de son pallais et sur les dix à onze heures du soir tout le feu d'artifice joua et fit son effet. Ensuitte il fit donner un concert de musique par les musiciens qui avoient chanté le mottet au *Te Deum*. Pour cet effect il avoit fait élever un téâtre entre le grand portal de son hostel et la maison qu'il a acquise du Chapître qui couvroit la rüe qui va à la mestrise de Saint-Estienne sur lequel tous les musiciens avec tous les instrumens furent posés. Il avoit aussi traitté toute la musique séparément de sorte que le Prélat n'oublia rien pour témoigner la joyë de la naissance de ce nouveau duc de Berry, non plus que Monsieur l'Intendant et Messieurs de la Ville qui avoient faict mettre sous les armes tous les quartiers qui furent placés devant l'église pendant la procession du *Te Deum* et on eut bien de la peine à retenir les soldats de faire aucune décharge pendant la procession, mais sitôt que Monseigneur de Bourges fut rentré dans la nef ils firent une décharge qui fut si bien faitte qu'il sembloit que l'esglise dut se renverser tant cela retentit dans l'église.

Ensuitte Monsieur l'Intendant et Messieurs de la Ville allèrent suivis de toute la milice qui se pouvoit monter à quinze ou seize cents hommes à la place ducale pour mettre le feu au feu de joyë que la ville avoit fait dresser.

La joyë a continué toute la sepmaine et les quartiers les uns après les autres ont fait leur réiouissance. Dieu veuille conserver le Roy, Monseigneur le Dauphin et toute la maison royalle et fasse sa divine miséricorde que la ville et la province reçoive quelque jour des fruits de cette réjouissance par la protection que ce nouveau Duc donnera à la province.

Pour moy je n'espère pas jouir et voir ce bonheur et comme mes incommodités ne m'ont pas permis de me promener par la ville pour voir ce qui a esté faict de beau et d'agréable, il se trouvera quelqu'un qui en donnera une emple description.

Messieurs de Saint-Estienne pour participer à la joyë publique, firent élever sur la grande tour une machine de vingt à vingt-quatre pieds

ANNÉE 1686

de hault où ils firent mettre des flambeaux et des girandolles pour illuminer toute la ville.

Changement du luminaire de Saint-Estienne.

L E mardy 1ᵉʳ octobre 1686 Monseigneur de Bourges, pour un plus grand ornement du service divin a faict changer le luminaire de Saint-Estienne qu'il ne fournissoit que de cire jaune, en cire blanche ce qui a obligé Messieurs de l'Église de faire la mesme chose pour la cire qu'il doivent fournir en la ditte église.

Mort de Monseigneur le prince de Condé.

L E mercredy onzième décembre 1686, Louys de Bourbon prince de Condé est mort à Fontainebleau âgé de soixante-cinq ans et quelques mois. Sa mémoire pour ses beaux faits d'armes seroit immortelle et en bénédiction parmi les Français s'il n'avoit terni toutes ses belles actions par sa révolte contre le Roy depuis le mois de septembre 1651 jusques à la paix faitte avec l'Espagne par le mariage du Roy avec l'Infante d'Espagne, qu'il fut aux bonnes grâces du Roy. Dieu luy fasse miséricorde.

ANNÉE 1687

Te Deum pour la convalescence du Roy.

LE dimanche 23 février 1687 on a chanté en nostre église le *Te Deum* avec la plus grande solemnité qui a esté possible, pour rendre grâces à Dieu de la parfaite convalescence du Roy. Il n'a jamais esté fait tant de prières pour la santé d'un Prince que pour celuy-là.

ANNÉE 1688

Reddition de Philipsbourg à l'obéissance du Roy, Monseigneur le Dauphin ayant commandé l'armée et cette expédition d'armes estant sa première.

Le lundi huictiesme de novembre en l'absence de Monseigneur l'Archevêque j'ai reçu la lettre du Roy par laquelle il luy mande qu'ayant esté informé par le mémoire qu'il a donné au public des raisons qui l'ont obligé à reprendre les armes et de faire assembler un corps d'armée du costé du Rhin sous le commandement de son fils, lequel s'estant rendu devant Pilipsbourg le 7ᵉ d'octobre y avoit fait ouvrir la tranchée le 10 et fait pousser si vivement les travaux que non obstant les pluyes presque continuelles qui avoient rendu les marais dont cette place est environnée impraticables, et la bonté et multiplicité de ses fortifications, il en a contraint le gouverneur à demander à capituler le 29 du dit mois, et comme il reconnoist qu'un succès si heureux dans une saison si avencée et contre une place aussi parfaitement fortifiée est un effet visible de l'assistance de Dieu qui a bien voulu préserver son fils des périls où il s'est exposé pour faire diligenter ce siège il veut qu'en action de grâce il fasse chanter le *Te Deum* en son église et en toutes celles de son diocèse. La ditte lettre datée de Fontainebleau le 5e novembre 1688, signé Louys et plus bas Colbert.

ANNÉE 1689

Mort du pape Innocent XI.

LE 25 aoust 1689 est arivée la nouvelle de la mort du pape Innocent XI arivée à Rome le 12 de ce moys de sorte qu'il a occupé la Chaire de saint Pierre 12 ans 10 moys 22 jours scavoir despuis le 21 septembre 1676 jusqu'au 12 aoust 1689.

Élection du pape Alexandre VIII.

LE samedy 22 octobre on a reçu la nouvelle en cette ville de l'élection du Pape faitte le 6e octobre de la personne du cardinal Ottoboni, vénitien. Son élévation au souverain Pontificat a esté faitte onze jours après l'entrée des cardinaux français dans le conclave. Il a pris le nom d'Alexandre VIII. On le dit âgé de quatre-vingts ans, très-homme de bien, tout à fait désintéressé et porté à la paix. Dieu luy fasse la grâce de la procurer entre les princes chrestiens.

ANNÉE 1690

Mort de Madame la Dauphine.

LE 23ᵉ avril 1690 jour de jeudy sur les trois heures après midy, Madame la Dauphine, sœur du duc de Bavière est décédée à Versailles et a laissé à Monseigneur le Dauphin trois fils, Messieurs de Bourgogne, d'Anjou et de Berry.

Victoire de Fleurus.

LE satmedy 1ᵉʳ juillet Monsieur le Mareschal de Luxembourg commandant l'armée du Roy en Flandre a remporté la bataille sur les trouppes des Estats des provinces unies des Pays-Bas, commandées par le prince de Waldeck; le combat a esté rendu dans la plaine de Fleurus au delà de la Sambre, les trouppes des ennemis estant campées proche Saint-Amand.

Le Roy par sa lettre écritte à Monseigneur de Bourges de Versailles le 10 juillet 1690 marque qu'il est demeuré des morts sur le champ de bataille plus de 8000. Ont esté fait prisonniers 7,800 entre lesquels il y a plus de 600 officiers; 49 pièces de canon demeurées en sa puissance et plus de 200 chariots d'artillerie et 106 tant drapeaux qu'estandards.

Guerre d'Irlande.

Le lundi 30 juillet 1690, sur le soir on a reçu nouvelle du combat donné en Irlande entre les trouppes du Roy d'Angleterre commandées par milord Triconelle jointes avec celles du Roy commandées par Monsieur de Lauzun par lequel quoy qu'on eût obligé le Roy d'Angleterre de se retirer en France où il arriva le 20 de ce moys, la pluspart de ses trouppes n'ayant voulu combattre contre le Prince d'Aurange, néanmoins les dits Triconelle et de Lauzun ayant rallumé le reste de leurs trouppes qui vouloient lascher pied, le combat a esté si opignastre particulièrement par les François que M. de Schombert qui commandoit les trouppes du Prince d'Aurange ayant esté tué et le Prince d'Aurange s'estant mis à la teste de ses trouppes, il a esté blessé d'un coup de pistollet à l'espaule et d'un coup de mousqueton dont il a eu la cuisse cassée et le jeudy 27 de ce mois sur la minuit on apporta à Paris la nouvelle de sa mort, ensuitte de ses blessures et il n'est pas imaginable la joyë que l'on en a temoinnée à Paris, où deux jours auparavant les nouveaux convertis ayant eu la nouvelle de l'arivée du Roy d'Angleterre à Versailles burent publiquement à la santé du roy Guillaume. Il fault néanmoins que cette mort soit confirmée devant que de la croire parce qu'elle n'est scüe que par des refuges de son armée qui s'évadent de celle de Triconelle et de Lauzun. Quoiqu'il en soit ce mois de juillet est un mois qui sera remarquable à la postérité pour les victoires que le Roy aura remportées sur presque tous les Princes chrestiens unis contre luy.

Le 30 aoust cette mort n'est point affirmée.

Victoire de Staffarde.

LE 24 aoust on a reçu nouvelle de la bataille que Monsieur Catinat commandant l'armée du Roy en Savoye a remportée le 18 de ce mois sur le duc de Savoye dans laquelle l'armée du Duc a esté entièrement défaitte. Le champ de bataille avec l'artillerie et tout le bagage est demeuré en la puissance du Roy et le Duc contraint de se sauver à Thurin.

ANNÉE 1691

Siège de Mons.

E samedy dix-septième mars 1691 le Roy est parti de Versailles pour aller à Mons qu'il a fait assiéger avec quatre-vingt mille hommes.

Prise de Villefranche et de la citadelle de Nice.

LE Roy par sa lettre du 10ᵉ avril escritte au camp sous Mons à Monseigneur de Bourges luy ordonne de faire chanter le *Te Deum* en l'église Cathédralle et autres suivant la coutume pour la réduction de la ville et chasteau de Villefranche, des forts de Saint-Auspice et de Montalban et de la ville et citadelle de Nice, prise sur le duc de Savoye par le sieur Catinat commandant son armée de terre en Piedmont le 2 du dit mois.

Le 22 décembre nous apprenons la prise de Montmeillan.

ANNÉE 1692

La chasse de Sainte Sollange est amenée à Bourges pour obtenir le beau temps.

Le sabmedy 5ᵉ jour de juillet nous recevons la nouvelle de la reddition du chasteau et citadelle de Namur à l'obéissance du Roy, et l'on apporte la chasse de Sainte Sollange en cette ville de Bourges pour obtenir par son intercession un temps favorable pour les biens de la terre, les pluies estant depuis deux mois presque continuelles. Elle est venüe par les ponts qui sont sur les rivières de Chappe et arivée sur les onze heures aux Capucins où la procession générale accompagnée des Corps du Présidial et de la ville l'attendoit. Le Curé a faict un petit compliment à Monseigneur en l'honneur de la Sainte à laquelle mon dict Seigneur a respondu fort élégemment et ensuitte on l'a portée à Saint-Estienne chantant les psaulmes graduels. Monseigneur allant après la relique s'est mis à Saint-Estienne dans son siège de chanoine et la relique a esté posée sur le grand autel. Ensuitte le sous-domier de l'église a dit à l'autel de saint Philippe une messe de la Sainte pendant laquelle on a chanté un motet de la Sainte à l'élévation du Saint Sacrement et à la fin un *Salvum fac Regem*, lequel fini Monseigneur a dit l'oraison de la Sainte, une pour le temps et une pour le Roy et ensuitte a donné la bénédiction au peuple et parce qu'un saignement de nez l'a pris, il s'est retiré et on a reconduit la relique à Saint-Laurent. Le domier de l'église ayant pris l'estolle toutes les processions précédent comme lors qu'on l'a esté prendre aux Capucins et l'ayant déposée à Saint-Laurent le domier a dit l'oraison de la Sainte et la procession généralle est retournée à Saint-Estienne.

Les pluies continuant toujours, Monseigneur de Bourges a ordonné les quarante heures par un mandement donné de Turly le sabmedy 12 juillet.

Et ont commencé à Saint-Estienne le dimanche 13, 14 et 15 du dit mois et ont continué dans toutes les églises séculières et régulières de la ville jusqu'au 4ᵉ septembre qu'elles ont fini.

ANNÉE 1693

Sainte Soulange festée.

LE lundy 18 may, le lendemain de la feste de la Trinité, Monseigneur en exécution de son mandement du 8ᵉ may 1693 par lequel faisant droit sur la requeste des Maire et Eschevins de cette ville a ordonné que la feste de sainte Soulange seroit chommée dans la ville et dans la Septaine pour les raisons portées par son mandement. Ayant fait apporter en l'église de Saint-Estienne la chasse de la ditte Sainte, la feste a esté chommée pour la première fois, et Monseigneur a officié pontificallement, en présence de la relique. Messieurs de la Ville assistèrent à la ditte messe en habit de livrée, et prirent cette Sainte pour la patronne de la ville et de la Septaine, espérant par son intercession, obtenir un secours du Ciel dans les temps difficiles où nous sommes, soit à cause des grandes guerres, soit à cause de l'intempérie des saisons, qui depuis deux ou trois ans reignent et nous menassent d'une ruine presqu'universelle des biens de la terre. Est à remarquer que la chasse de la ditte Sainte fut aportée accompagnée de celle de saint Fulgent qui alla la joindre à Turly et de celle de saint Pallois et bien quantité de bannières et croix des paroisses circonvoisines et que Monseigneur accompagné de son clergé alla au-devant des reliques de la ditte Sainte, jusques à Saint-Privé suivi de Monsieur l'Intendant en robbe rouge à la teste de tout le Présidial, et de Monsieur le Maire, des Eschevins et officiers en livrée, quoique en allant et retournant il fit une pluye fort grande de sorte que la relique estant arivée à Saint-Estienne avec toutes les processions il estoit midi lorsque Monseigneur commença la messe de la Sainte qui estoit celle du jour, et lorsqu'elle fut finie il estoit près de deux heures et Monseigneur s'en alla diner à Turly. On fait estat qu'il y avoit bien quatre mille personnes à la procession et à la messe.

Incendie de la Sainte-Chapelle.

L E vendredy dernier jour de juillet le feu s'estant pris dans un tas de fagots au logis d'un boulanger devant la cour de la Sainte-Chapelle et ayant paru sur les neuf heures du matin, le temps serin et le vant de galerne tirant avoit élevé des bluettes de feu sur la croupe de la Sainte-Chapelle et mesme jusque sur la plus haute balustrade du clocher de la ditte église ; soit que l'on se soit apperçu trop tard du feu ou que l'on n'ayt pas apporté assez de diligence à l'éteindre, en moins de trois heures le clocher et toute la couverture et charpente de l'église a esté brulée et ensuitte la couverture et charpente de la salle du palais et ne resta de l'un et de l'autre que les murs, la voulte de la chapelle ayant résisté à la violence du feu de sorte que par cet incendie la ville de Bourges perd deux des plus beaux ornements du royaume et la salle du palais la plus grande et la plus large sans pilliers et si bien qu'un ouvrage qui subsistoit depuis près de trois siècles en moins de trois heures a esté presque détruit entièrement et a destruit toutes les maisons de la rue dessus et autour des Minimes.

Le 23ᵉ d'aoust le Roy annonçait la victoire remportée par le maréchal duc de Luxembourg sur les troupes des alliés contre la France le 29 juillet entre les villages de Nerwinde et de La Lande, et le 25 octobre il faisoit part du succès de ses armes dans la plaine de Marsayldale sur le duc de Savoie se retirant de devant Pignerolles.

ANNÉE 1694

Mort de Monseigneur de Bourges.

Le 28 avril 1694 Messire Michel Phelippeaux de La Vrillière archevesque de Bourges est décédé à Paris en son hostel et le jeudy suivant fut inhumé en l'église de Saint-Eustache au tombeau de ses ancestres. Dieu lui fasse miséricorde.

ÉPITAPHES ET VERS

FAITS CONTRE OU A L'HONNEUR DU GRAND CARDINAL DE RICHELIEU MORT LE JEUDY 4 DÉCEMBRE 1642

ÉPITAPHE

Hic jacet Armandus, si non vexasset Amandus.

AUTRE

On a semé dans cette terre
Les os de l'Autheur de la guerre
Si le grain est bon de façon
Que pour un seul cent il rapporte
Grand Dieu, grillez en la moisson
Et nous privez de la récolte.

ÉPITAPHE QUE L'ON TIENT ESTRE DU SIEUR DE SAINCT GERMAIN, GENTILHOMME SUIVANT LA ROYNE MÈRE

Adsta viator, quo properas? Quod usquam videbis
audies hic legitur Joannes Amandus Duplessis de Richelie

clarus origine, magnus ingenio, fortuna eminentissimus, quodque mirere sacerdos in castris, theologus in aulâ, episcopus sine plebe, cardinalis sine titulo, rex sine nomine, unus tamen omnia.

Naturam habuit in numerato, facilitatem in consilio, ararium in peculio, securitatem in bello, victoriam sub signis, socios in procinctu, amicos in obsequio, inimicos in carcere, cives in securitate, hoc uno miser quod omnes fecit miseros.

Tam seculi sui tormentum quam ornamentum, Galliam subegit, Italiam terruit, Germaniam quassavit, afflixit Hispaniam, ornavit Lusitaniam, cepit Lotharingiam, accepit Cataloniam, fovit Suessiam, troncavit Flandriam, turbavit Angliam, lusit Europam,

Poeta purpuratus, cui scena mundus, gloria siparium regia gaza, choragium fuit, tragicus quia fabulam malè solvit.

Post regnum testamento suis distributum, paupertatem populo imperatam, dissipatos principes, nobilitatem exilio ac supplicio exhaustam, senatum aucthoritate spoliatum, excitas gentes bello ac incendys vastatas, pacem terra marique profligatam, cum fatiscente corpore animum grandioribus consiliis ægrè regetaret et nullius interesset ipsum aut vivere aut mori bona sui parte mortuus aliorum tantum morte viveret de repente spirans desiit et timeri.

O fluxa mortalitas quam tenue momentum est inter omnia et nihil mortui corpus rhedâ extulit seculi equites pedites que magno numero, faces prætulerunt Ephœbi, crucem nemo, quia currus vehebat publicam.

Denique hunc famulum implet, non totum quem Europa non implevit, inter theologos sidus ingens disputandi. argumentum, fidem regi servavit, spem viris reliquit, charitatem abhæridus abstulit, quo migravit sacramentum est.

Hæc te volui viator hic te metire et abi.

Solvit opus natura suum, cor, viscera, mentem
Servat, habet, repetit, Gallia terra, polus.

Armorum furys totum qui terruit orbem
Territus hic nunc est et sine pace furit.

RONDEAU

Il est passé, il a pleié bagage
Ce Cardinal dont c'est bien grand doumage,
Pour sa maison, c'est comme je l'entens,
Car pour aultruy, maints hommes sont contents
En bonne foy de n'en voir que l'image.
Sous sa faveur s'enrichit son lignage,
Par dons, par vol, par fraude, en mariage.
Mais aujourd'huy, il n'en est plus le temps.
    Il est passé.

Or parlons donc sans crainte d'estre en cage
Il est en plomb, l'éminent personnage,
Qui de nos maux a ry plus de vingt ans.
Le Roy de bronze, en eust le passe temps
Quand sur le pont avec son atelage
    Il est passé.

JOANNIS ARMANDI PLESSY RICHELY S⁴ R^A E^A CARDINALIS
EMINENTISSIMI FRANCIÆ DUCIS POTENTISSIMI
ET
REGII CHRISTIANISSIMI LUDOVICI XIII MINISTRI
FAMOSISSIMI
SYNOPSIS INSCRIBENDA TUMULO

Primùm quod a te postulo viator est ut Deum P. Max. laudes quod hic in Gallia securus legas.

Deindè miraberis tantillo spatio claudi mortuum, quem terra non capiebat vivum, illam ubi commorit, cælum movere voluit is, qui hoc symbolum sibi arrogavit, mens sydera voluit.

Ut intelligas qualis hæc intelligentia fuerit, industria fuit sagaci, sed inquieta, pacis publicæ et propriæ tranquillitatis hostis.

In magno q^d plurimi suspexerunt ingenio, magnum multi familiares deprehenderunt mixturam dementia.

Animum eius cedebant omnia, sanabat nihil.

Potentissimi Regis non tam benevolentia quam auctoritate diutius stetit rerum exitu non consilio, prudentia felix solius infelix indignatione, cum turpibus morbis perpetuo conflictatus, locum ignoravit fœlicitatis quem sua et alios infœlicitate quærebat, nunquam risus sibi beatus, ut nec ys probus qui beatum nuncupabant.

Utrique vili : id est vitæ carnificibus obnoxius, flaræ ignes, atræ fuligines est continuo passus, sic venenum q^d in alios perniciem effudit, non sine sua continuit.

Supra omnes mortales ambitione laboravit, supra plurimos avaritia, et regiæ pecuniæ prodigus, suæ parcus, crudelis, offensus, ubi offenderat crudelior extitit.

ÉPITAPHES ET VERS

Reginæ matris beneficiis ditatus, curys promotus, et princeps potentior factus, illam gratia regis, libertate, bonis, Gallia ac demum extorrem Coloniæ vita privavit, ut nec mortuæ parceret supremas eius voluntates rescindi, et in sepultum cadaver, per quinque menses, post quos ipse extinctus est in cubiculo relinqui voluit.

Fratris regis dignitatem violavit, et personam opprimere studuit.

Nec solum o matre filium, a fratre fratrem, sed ab uxore virum aliquando avertit.

Marillacum, summa injuria, Monmorancium summo jure Sanctium Martium jure, cum iniuria, Thuanum vel jure, vel iniuria capere plecti voluit [1].

Magnates aliquos carcere perpetuo, plures exilio damnavit, plurimos ab aula removit, innumeros proscripsit ne ipsius consilys adessent, nec mitis Gallia vidit unquam tam frequentia supplicia.

Magni regis, quem magno studio desepit, potentia et fecundi regni opibus adiutus infinitis, sagittas perdidit, et schopum (sic) præcipuum æque aberrarit, attingeret.

Aliquos exitus secundos, insanis conatibus pepercerunt mentis actio vel agitatio continua, proiecta et omnia tentans audacia et rigida securitas.

Brevi eversendus si inter hostes externos aliquos cautiores et intus aversos Gallos fecit omnes, vel unum adversarium invertisset.

Multum illi fuit quod cum vix aliquis noverit vel ys qui noverunt crediderit.

---

[1] *Marillac deffect à Paris en Grève 1632; Montmorancy à Toloze 1631; Saint-Mars et de Thou à Lyon 1642.*

*Adeo fortuna(tis) * qui illi infensi erant nobiles et milites, pro illius g(loria) suum et alienum funderent sanguinem, dum ille Regio jungeret suum.*

In quo consilio Sejanus periit, et ipse perierat, nisi Suessoniensem regium principem, dolo malo sustulisset.

Tam noxia potestatis vestigia, integro sæculo Germania, Hyspania, Italia, Belgium, sed maxime Gallia vix delebunt.

Ex civium et vicinorum miserys voluptatem captans, ut istis capillos velleret, mox viscera laniavit.

Nec regis sui sacræ valetudini aliquid indulsit, illum agitavit, dum suam exhausit curis et vario animi pathemate.

Illi primo divina Nemesis, brachium corrupit, quod contra cælum retenderat, mox abstulit usum dexteræ qua bellis ultro illatis subsumpserat, illud octo ante obitum mensibus compatruit, unde hæc excrevit.

Quod dolendum qui Deum ita vindicem sensit, non satis agnovit.

Quod imminente morte, politica magis prudentia quam christiana usus pietate, plus suos Regi quam se Deo commendavit.

Quod paucis diebus ante vita tragica catastrophem, excogitatam a se fabulam, quam Europam triumphalem vocavit, exhiberi regia magnificentia voluit, non tamen spectare potuit.

Quod Ecclesiam afflixit cardinalis, sanguinem fudit sacerdos, nullas injurias condonavit Christianus, nec homo mortalem se esse meminerit etiam cum ebullientes è multis ulceribus vermes admonerent, quam fragili et quam fœtida mortalitati obnoxius esset.

Ubi omnibus vys, etiam impys per octodecim annos, ad privatum, dispendio publici cucurrit finem, ad communem hominum placida in speciem morte, sed multis quos promisit, tardiosè tandem pervenit.

— Fato functus est Lutetia ubi natus erat ante annos quinquaginta septem cum tribus mensibus. Galliam et domum deserens utramque velle incendere risus est.

— Illam extorta in fratrem Regis declaratione, istam ad fœminæ placitum condito testamento.

— Cæterum nec unquam dires Gallia tantum homini contulit, nec allum natura satis impatiens tandiù pertulit, nec pacis amans mortuum ullum tam hylariter extulit.

Hæc palam assero quæ, tu clam suspicatus es sapiens viator,

Si quem adhuc dubitantem invenis, roga ne decerptis vel corruptis adulatoribus credat, sed mihi vera ex intimis sincerisque promenti (sic).

Omnes vero mortales ut sibi persuadeant velim, plus apud Deum valere justiciam vel mininam quam presentem maximam nec estimandam latè diffusam famam, sed bonam,

Multa turbare, non esse multum agere, turbata componæ plus esse, ne turbentur impedire, plurimum,

Vulgus fœlicia scelera, pro virtutibus ducit, tu contrà nihil infœliciùs, fœlici scelere, cogita,

Fraudum egregius artifex Richellius, plurimos ad momentum decepit, forte seipsum in perpetuum,

Et universa que miscuit non rediget in ordinem, qui pacem, quæ cum illius ingenio turbulenta non conveniebat, etiam fortuna sua non convenire credidit, indè tot mala quæ Christianum orbem a quindecim annis afflixerunt.

Ora ne sit Deus vindex in aucthorem, qui magna misericordia multisque miserationibus, in magnis multisque criminibus indigebat.

Tu hospes Christiane serio perpende, quam nihil sit quod, momento præterit.

Nemo ex istis quos purpuratos vides, ex hoc ipso fœlix est magni, quam illi quibus sceptrum et clamidem in scæna fabula assignam, cum presente populo elati incesserunt et cothurnati cum exierunt excalerantur et ad staturam suam redeunt,

Adde parvus cinis modo est, qui magnus ignis fuit. Fumus nunc est qui nuper coruscam splendor omnium oculos perstringebat.

Utinam non et fax sibi in alio sic orbe qui in hoc Europa fuit, hæc tandem pacem extincto bellorum famem sperat.

Hotterer te viator, ut tanto pacis etiam suo dum viveret hosti pacem præcaveris, nisi vexeret, ne illi molestus esses, rem quam maxime oderat illi operanda.

Præcare tamen qui juberis inimicos diligere si ad illum non pervenerit pax ad te revertetur sic imperat Christus in quo vive pacificus, ut in illo placide conquiescas, interim Vale!

AUTRE

Pépin, Capet et Duplessis
Se sont souventes foys assis
Dessus le trosne de la France.
Les deux premiers l'ont usurpé ;
Au troisiesme il est échapé
Dieu mercy à Son Éminence.

EMINENTISSIMI MORTUORUM GLORIOSIS MANIBUS

Homo ingenio cum primis arido, vasto, duro (liceat parcere stultioribus) immani fastu, specie magnitudinis falsa, laudum titulor, ac inanis gloria cupidissimus, captator porro imperii, si quis alius : fortuna ubique etiam dum imprudentius agit usus secunda. Postquam invisæ tyrannide per quatuor decim annos, rege sub legitimo dilaceravit Galliam, publicas dilapidavit et privatorum opes, proscriptionibus, vinculis, mactavit probos quosque ; depulsis magnatibus, novis aulam farcit homoeonculis rixis ac dissentionibus, regios turbavit lares, catholicos principes, mutuys fatigavit armis et odys, christiano orbi æterna texuit bella, æternos peperit luctus. Europam denique in scenam dedit ridiculam extremum, populo nummis remuncto, plaudente corona valete dixit.

SONNET

Un ministre d'Estat, par des raisons subtilles,
D'une guerre sans fin jetta les fondemens
Et de l'ambition suivant les mouvemens
Destruisit par le fer, nos campagnes fertilles.

Dans les calamités, rendant ses soings utilles,
Il ordonna des chefs dans des gouvernemens,
Corrumpit le clergé, soumit les parlemens,
Et pilla les trésors des plus puissantes villes.

Pour eslever les siens, il priva de leur rang
Et la mère du Prince et les Princes du sang.

Il désarmoit le Roy, déshéritoit son frère
Lorsqu'un mal imprévu le réduict aux aboys.

Toy qui cognois le mal qui luy restoit à faire,
Bénis Dieu qui soustient le sceptre de nos Roys.

ÉPITAPHE

Cy gist le plus fameux des illustres Françoys,
Le plus heureux mortel que le ciel ayt veu naistre,
Le vassal le plus grand qu'on ayt veu aultrefoys
Et l'exemple éternel de ceux qui doivent estre.

Il commença de vaincre aussytost que paroistre,
L'honneur suivit tousiours ses glorieux exploicts.
Il fust trop absolu sur l'esprit de son maistre,
Mais son maistre par luy fust le maistre des Roys.

Son zèle a tinct nos champs du sang de l'hérésie
Faict paslir les payens, les croissants de l'Asie,
Dans les climats glassez allumé des combats.

Pour savoir le surplus de faicts d'un si grand homme,
Va l'apprendre, passant, de Madrid et de Rome,
Car si j'osois tout dire, on ne me croyroit pas.

TABLE DES MATIÈRES

Année 1621.	Eslection des Maire et Eschevins le jour de la Sainct-Pierre....................	1
Année 1626.	Baptême de Monseigneur le duc d'Enguien........................	6
Année 1628.	Peste.........................	7
Année 1629.	Reduction de la Rochelle............	8
—	Eslection de la Municipalité...........	8
Année 1630	Procession instituée à l'occasion de la peste..........................	14
—	Eslection de la Municipalité...........	15
Année 1631.	Solemnité des actes de l'Université....	17
Année 1636.	Desputation au Roy pour réclamer contre le sol pour livre sur le drap, etc.	18
—	Monsieur de Valençay lieutenant pour le Roy en Berry.................	20
Année 1637.	Nomination de l'intendant Pinon......	22
—	Précocité des vendanges.............	23
Année 1638.	Mort de Monseigneur Roland Hébert, archevesque de Bourges............	24
—	Vœu du roy Loys XIIIe à la Vierge....	26
—	Naissance du Dauphin (Loys XIVe)....	26
—	Eslection de la Municipalité...........	29
—	Entrée du régiment de Rébé à Bourges et son expulsion...................	30
Année 1639.	Eslection de la Municipalité...........	33
—	Prise de Salces....................	34
Année 1640.	Mort de Paul Lelarge, premier autheur de ces récits.....................	35
—	Sedition populaire du jour de la Sainct-Roch...........................	35

Année 1640.	Grandes eaux...........................	37
—	Establissement du sol pour livre sur marchandises	37
Année 1641.	Mort de Monseigneur le comte de Soissons	38
—	Grand buveur d'eau.....................	39
—	Parricide...............................	40
—	Incendie...............................	41
Année 1642.	Entrée à Bourges de Monsieur, frère unique du Roy	42
—	Assassinat du sieur Regeot..............	43
—	Mort de la Royne mère..................	44
—	Gresles................................	45
—	Tarif pour la ville......................	46
—	Baux des fermes de la ville. — Tumulte et sedition	47
—	Vol de la foire de Rémond..............	48
—	La grande fille aagée de vingt-un ans...	49
—	Mort du grand cardinal de Richelieu...	49
Année 1643.	Festin des sieurs Docteurs continué en argent	51
—	Copye de l'arrest rendu contre Messieurs Le Grand (Cinq-Mars) et de Thou à Lyon........................	52
—	Monseigneur d'Hardyvilliers, archevesque de Bourges............................	55
—	Mort du roy Loys XIIIe................	56
—	Bataille de Rocroy remportée par le duc d'Enguien	59
—	Prise de la ville de Thionville...........	59
—	Première messe de Jehan Le Large	60
—	Prédicateur de Caresme.................	61
Année 1644.	Organisation d'une compagnie de fusiliers pour la levée des tailles.........	62
—	Prise de la ville de Gravelines...........	63
—	Mort du pape Urbain VIIIe............	63
—	Taxe sur les nouveaux mariés...........	64
Année 1645.	Promotion de Monsieur Le Large, à la prébende de Sainct-Estienne...........	65
—	La fille à barbe........................	65

Année 1645. —	Grand vent...............................	66
—	Grand jubilé.............................	67
—	Rixe entre Monsieur le Maire et le Lieutenant général..........................	67
—	Mort du sieur Bourdaloue Du Clos....	70
—	Accomodement de la querelle entre le Maire et le Lieutenant général.......	71
Année 1646. —	Réiouissances à l'occasion de la prise de Dunquerkque.............................	73
—	Mort de Monseigneur le prince de Condé (Père du grand Condé)..................	81
Année 1647. —	Cérémonye des PP. Jésuittes sur la mort de Monseigneur le prince de Condé....................................	83
Année 1648. —	Révocation des Intendans de France....	85
—	Esmotion populaire et journée des barricades à Paris............................	86
—	Chute de la tour de Sainct-Estienne....	89
Année 1649. —	Siége mis devant la ville de Paris.......	90
—	Levement du siége de Paris............	92
—	Comparution pour les Estats généraulx.	93
—	Mort de Charles Ier, roy d'Angleterre..	95
—	Mort de Monseigneur d'Hardyvilliers, archevesque de Bourges..............	96
—	Restablissement du festin supprimé de l'Université...........................	98
Année 1650. —	Arrestations de Messieurs les princes de Condé et Conty et comte de Longueville....................................	99
—	Monseigneur le comte de Sainct-Aignan faict goubverneur du Berry..........	102
—	Siége de la Tour de Bourges...........	103
—	Desputation de Messieurs de Biet et Petit au Roy.................................	105
—	Promotion de Monseigneur de Chasteauneuf comme garde des sceaux de France.................................	106
—	Arrivée de Madame la princesse de Condé à Monron.......................	106
—	Establissement des gardes bourgeoises..	108

ANNÉE 1650. —	Désordres des trouppes dans la Province	109
—	Prise de Baugy......................	109
—	Eslection des Maire et Eschevins et esmotion sur icelle......................	112
—	Desordres pour les nouveaux cappitaines faicts............................	113
—	Voyage du Roy en Guienne et siège de Bourdeaux........................	115
—	Transport des Princes du boys de Vincennes à Marcoussy................	116
—	Desputation au Roy revenant de Guienne par Bourges.....................	117
—	Siège de Rhetel par le cardinal Mazarin...............................	118
—	Transport des Princes du chasteau de Marcoussy au Hâvre de Grâce......	119
ANNÉE 1651. —	Sortye des Princes hors de prison et réjouissances qui se firent dans la ville	121
—	Entrée de Madame la Princesse dans la ville..............................	123
—	La Ville donne une collation à Madame la Princesse......................	124
—	Destitution de l'auteur de ce recueil de ses fonctions d'advocat de la ville et mort du procureur d'icelle.........	125
—	Prise de possession de Monseigneur de Ventadour........................	126
—	Entrée de Monsieur de Persan, lieutenant du Roy, et nouvelle sortye de Monseigneur le Prince hors Paris...	126
—	Arrivée à Bourges de Mesdames de Condé et de Longueville............	127
—	Maiorité du Roy.....................	128
—	Arrivée à Bourges de Monseigneur le Prince.............................	128
—	Enlèvement des deniers royaulx des Gabelles............................	129
—	Prix donné aux habitans par le prince de Conty (tir au pavois)..........	130
—	Incendye de la ville d'Yssouldun......	131

Année 1651.	Lettre du Roy annonçant son arrivée à Bourges............................	131
—	Emprisonnement de Monsieur Biet, maire de la ville de Bourges............	133
—	Retraicte du prince de Conty de la ville de Bourges........................	138
—	Entrée du roy Loys XIVe à Bourges...	139
—	Changement des Eschevins et desmolition de la Tour de Bourges.........	141
—	La Tour minée............................	142
—	Départ du Roy...........................	143
—	Confirmation des privilèges et aultres dons.................................	145
—	Seconde mine et meurtres arrivez à la Tour..................................	144
Année 1652.	Retour du cardinal Mazarin...........	147
—	Le Roy est refusé à Orléans...........	148
—	Nouvelle eslection des Maire et Eschevins et desputation................	150
—	Lettre circulaire envoyée pour s'encourager contre le Roy................	151
—	Prise et razement du chasteau fort de Monron...............................	152
Année 1653.	Mort de Monseigneur de Chasteauneuf et ses obsèques.....................	154
Année 1654.	Éclipse de soleil........................	156
—	Restablissement des figures représentant la passion de Nostre-Seigneur à la Cathédrale............................	157
Année 1655.	Esmotion populaire contre les Maire et Eschevins.............................	158
—	Changement du marché de la place Bourbon au Poirier proche le Pallais.	160
—	Arrivée à Bourges de Monsieur le mareschal de Clérambault goubverneur de Berry.................................	163
Année 1656.	Grand Jubilé.............................	168
Année 1657.	Chapistre provincial des PP. Jacobins..	169
Année 1658.	Feu de ioye pour la Sainct-Jehan et la prise de Donquerque.................	170

 "Loys XIVe à Bourges".

Année 1658.	— Feu de ioye pour la prise de Gravelines.	171
Année 1659.	— Pour la nomination des Maire et Eschevins.	173
—	Sacrilége commis en l'esglise de Sainct-Estienne.	178
—	Nouvelle bénédiction de l'esglise.	179
—	Continuation de ce qui s'est passé pour l'eslection des Maire et Eschevins.	180
Année 1660.	— Mariage du roy Loys XIVe.	182
Année 1661.	— Mort du cardinal Mazarin.	183
—	Naissance de Monsieur le Daulphin.	183
Année 1662.	— Cherté des bleds.	185
—	Aulmosnes des Dames de la charité de Paris.	185
Année 1663.	— Nomination de Messieurs les Maire et Eschevins.	187
—	Le Roy prend les droits du treiziesme sur le vin à la ville.	188
Année 1664.	— Nouvel impost sur le vin.	189
—	Esmotion populaire sur une imposition nouvelle que l'on voulloyt mettre sur le vin.	189
Année 1665.	— Comette.	195
—	Maltôtes diverses.	195
—	Establissement des Grands jours.	196
Année 1666.	— Mort de la Royne mère Anne d'Austriche.	198
—	Arrivée de Monseigneur l'archevesque de Montpezat.	199
—	Cérémonye pour la canonisation de sainct Françoys de Salles.	200
Année 1667.	— Fruicts de la paix.	201
—	Révocation des priviléges de noblesse aux villes.	202
Année 1669.	— Honneurs faicts au corps de Monseigneur le cardinal de Vendosme.	203
—	Pension du Roy à ceulx qui avoyent douze enfans.	204
Année 1670.	— Sacrilége arrivé à Paris.	206
Année 1671.	— Monseigneur de Caumont de Pequillin gouverneur et bailly de Berry.	207

Année 1673.	Naissance du duc d'Anjou............	208
Année 1673.	Impôts des formules................	209
Année 1674.	Taxe de la noblesse et restablissement d'icelle............................	210
—	Guerre d'Holande...................	211
—	Bataille de Senef en Brabant..........	212
—	Entrée de Monsieur de La Rochefoucault prince de Marcillac gouverneur de la Province, venu pour la convocation du ban et de l'arrière-ban...............	213
—	Te Deum pour la victoire de Senef....	215
—	Convocation du ban de la noblesse par le Gouverneur.....................	216
Année 1675.	Arrivée de Monsieur de la Vallière gouverneur du Bourbonnois...........	220
—	Prise de possession de Monseigneur Poncet...........................	221
—	Mort de Monsieur le mareschal de Turenne de la maison de Bouillon.....	222
—	Prise de possession en personne de Monseigneur Poncet....................	223
—	Mort de Jehan-Armand de Fradet de Sainct-Aoust.....................	226
—	Le Régiment Royal en garnison.......	228
Année 1676.	Establissement du droict de jauge......	229
—	Bénédiction des drappeaux du Régiment Royal...........................	229
—	Te Deum pour la prise de Condé par le Roy.............................	230
—	Prise de Bouchain par le Roy le 12 may.	231
—	Victoire navale de Palerme...........	232
—	Mort du Pape Clément X^e...........	232
—	Prise d'Haire en Artois..............	233
—	Election d'Innocent XIe.............	233
Année 1677.	Mort de Monseigneur Poncet archevesque de Bourges.......................	234
—	Te Deum pour la prise de Valenciennes forcée le 17 mars 1677.............	236
—	Te Deum pour la victoire de Cassel...	237
—	Victoire navale de Tabago en Amérique.	238

Année 1677.	— Prise de Fribourg en Brisgault.........	238
—	Prise de Saint-Guillin...............	239
Année 1678.	— Prise de Gavres, Hypres et Puycerda...	240
—	Paix de Nimègue................	240
—	Reduction de la noblesse au Maire seul à l'exclusion des Eschevins.........	241
Année 1679.	— Paix avec l'Espagne.................	242
—	Défense au Prévost de pénétrer dans les monastères sans le concours de Monseigneur l'Archevesque............	242
—	Prise de possession de Monseigneur l'archevesque Michel Phelipeaux........	244
Année 1680.	— Ouverture du Séminaire de Bourges, dédié à la Vierge.................	245
—	Fuitte du sieur Couvrant, chappelain de l'Hospital général...............	247
Année 1681.	— Mort de Monsieur Phelipeaux de La Vrillière, père de Monseigneur l'Archevesque de Bourges................	248
—	Assemblée générale du clergé.........	250
Année 1682.	— Edit sur l'usage de la Régalle.........	253
—	Le P. de La Blandiniaire religieux de la Mercy, prédicateur de Caresme en 1682........................	253
—	Te Deum pour la naissance de Monseigneur de Bourgogne fils de Monseigneur le Daulphin arrivée le jeudy 6e aoust 1682 à Versailles.........	255
—	Révocation de Monsieur l'intendant Poncet......................	256
—	Prédicateur du Caresme............	257
Année 1683.	— Monsieur Dey de Séraucourt remplace Monsieur Poncet comme intendant de la province...................	258
—	Mort de Marie-Thérèze d'Autriche reine de France.....................	258
—	Mort de Monsieur Colbert...........	259
—	Consécration de l'esglise des Religieuses de la Congrégation...............	260
—	Levée du siège de Vienne...........	260

Année 1684. Bissextile.	— Heureux accouchement de Madame la Daulphine d'un fils que le Roy a voulu porter le nom de duc d'Anjou.	263
—	Ouverture du Jubilé..................	264
—	Prise de Luxembourg................	265
Année 1685.	— Révocation de l'édit de Nantes.......	266
Année 1686.	—.Agrandissement du Jardin de l'Archevesché............................	267
—	Naissance de Monsieur le duc de Berry.	268
—	Changement du luminaire de Saint-Estienne............................	273
—	Mort de Monseigneur le prince de Condé.	273
Année 1687.	— *Te Deum* pour la convalescence du Roy.	275
Année 1688.	— Reddition de Philipsbourg à l'obéissance du Roy, Monseigneur le Dauphin ayant commandé l'armée et cette expédition d'armes estant sa première.........	276
Année 1689.	— Mort du Pape Innocent XIe...........	278
—	Election du Pape Alexandre VIIIe.....	278
Année 1690.	— Mort de Madame la Dauphine.........	280
—	Victoire de Fleurus..................	280
—	Guerre d'Irlande....................	281
—	Victoire de Staffarde.................	283
Année 1691.	— Siége de Mons.....................	284
—	Prise de Villefranche et de la citadelle de Nice.............................	284
Année 1692.	— La chasse de sainte Sollange est amenée à Bourges pour obtenir le beau temps	286
Année 1693.	— Sainte Soulange festée..............	288
—	Incendie de la Sainte-Chapelle........	290
—	Victoire de Nerwinde................	291
Année 1694.	— Mort de Monseigneur Phelippeaux.....	292
Épitaphes et vers..		293

ERRATA

Page 116, au titre, lire *Marcoussy* au lieu de Marchecoussy.
— 212, à la note, lire *1674* au lieu de 1974.

www.ingramcontent.com/pod-product-compliance
Lightning Source LLC
Chambersburg PA
CBHW060352170426
43199CB00013B/1842